Winfried Wagner, Mai lieaber Fraind!

Winfried Wagner

Mai lieaber Fraind!

Die heiteren Briefe des leidgeprüften
Schwaben Eugen Emberle

mit Zeichnungen von
Hans Helferstorfer

Verlag Karl Knödler
Reutlingen

Printed in Germany 1989
Herstellung: Druckerei Harwalik KG, Reutlingen
ISBN 3-87421-165-7

Inhaltsverzeichnis

Die Gymnastikstunde

Mai lieaber Fraind!

Drletschde ist mai Elfriede mit vrheulte Auga vom Dokter hoimkomma. – Er hod se scheints ghörich zemmagstaucht, wega ihrem Übergwicht. – Wenn ma bei 2 1/2 Zentner überhaupt no von Übergwicht schwätza ka!

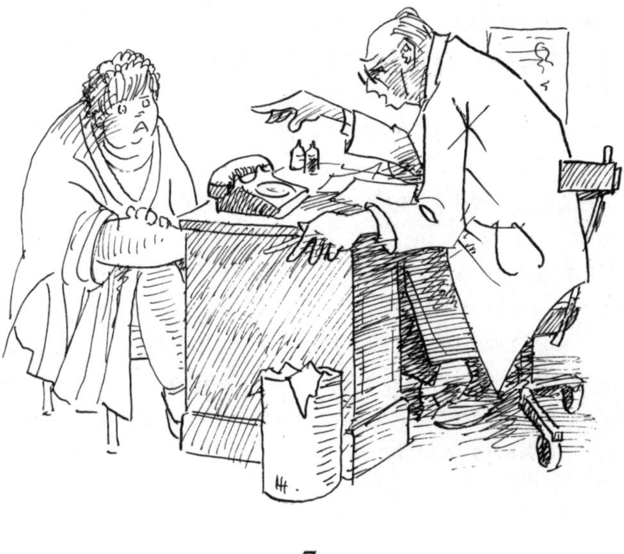

Er hod zu ihra gsagt, daß se gar nemme en sai Praxis komma braucht, wenn se ned bereit sei, endlich zom abnemma! – Se soll weniger essa ond dodrfür mehr Sport treiba!
I moin, des hod se jo no gschluckt, aber daß er ihra ens Gsicht nai gsagt hod, des sei ned krankhaft, wie sui emmer behaupte, sondern ganz oifach nahgfressa (!) – des hod se ihm übelgnomma! No hod se reita lerna wella! – Aber wo i dann zu ihra gsagt hann, daß des sicherlich dr Tierschutzverei ned zulassa werd, do war se no scho a bißle aigschnappt. – Ond wo i ihra dann no empfohla hann, daß se doch en dui Schwangerschaftsgymnastik ganga soll, weil se do mit ihrem Bauch am wenigsta auffall, do hod se no wieder amol ihren ganza Ärger an mir nauslassa.
Onser Andreas hod no den geniala Aifall ghed, daß d Elfriede bei dr Volkshochschual so an Gymnastikkurs mitmacha soll, ond des hod se no ao doa.
Bloß hod se sich vorher no so an flotta Gymnastikdreß kaufa wella.
Do war i dann wieder recht drzua, en Stuttgart älle Sportbekleidungsgschäft zom ausdappa, om noch ebbas zom sucha, wos en ihrer Größe gar ned gibt. Doch oimol hod se mir so richtig loid doa, wo sich so a Vrkäuferin hod nemme beherrscha könna ond

oifach nausglacht hod. – An dem Tag hod mai Elfriede no ao nix mehr gessa. – Aber hald ao bloß an dem Tag!
Main Vorschlag, daß se sich no hald zwoi oder drei so Turnahzüg zemmanäha soll, ist ned so guat ahkomma bei ihra. – Aber se hod sich dann aus viel Stoff selber ebbas zemmagflickt, wo ausgseha hod, wie diea Vogelnetz, wo se emmer über d Obstbäum naiziegad, wenn d Frucht reif ist.
Ond no hann i mai Elfriede zu ihrer ersta Trainingsstond nah gfahra. – Se hod sich scho drhoim omzoga ghed, daß se des ned vor dene andere Fraua macha muaß.
Wo se ausgstiega ist, hod se ahgordnet, daß des Privattaxiunternehma Eugen Emberle um genau en ra Stond wieder do sai soll, daß sui ned so vrschwitzt en dr Kälte warta muaß.
Befehlsgemäß war i do, aber d Elfriede no ned! Noch ra Viertelstond ben i nai ond hann guckt, ob se no lebt.
Jetzt ist se mit a paar andere Fraua auf em Boda romgwaalad, – des hod ausgseha, wie wenn a an Land gspülter Walfisch em Sterba liegt, inmitta von lauter Hering!
I hann mirs denkt, daß des mainer Elfriede sicher ned recht wär, wenn i zugucka däd. Also hann i hald durch da Türspalt nai gspickelt.

No hann i mitgriegt, daß se jetzt grad Tierla nochmachad. – Also des was i zerst gseha hann, des war dr Wurm.
Ond dann hend se wella da Frosch nochmacha.
No ist mai Elfriede end Hocke ganga!
Mai lieaber Fraind, kannst Du Dir vorstella, was des für Froschschenkel warad?
Älle andere send jetzt omanander gjuckt, wie kleine Fröschla, bloß mai Elfriede ist hocka blieba! Selbst viert hend se se no wieder aufglupft.
Do hod se scho rote Auga griegt! – Ond wo se heddad dann auf alle Viera den schaukelnda Gang von ma Kamel nochmacha solla, ist mai Elfriede natürlich ned amol en d Nähe vom Boda komma!
Jetzt ist se dogstanda, wie so a Trauerweide, kurz vorem umkippa.
Ond no send ao scho Träna auf da Boda tropfelt.
No ben i naiglaufa ond hann zu mainer Elfriede gsagt: »Komm Mädle mir gangad, jetzt host du di gnug plogt!«
Seitdem grieg i fast jeden Tag a andera Leibspeise vorgsetzt. – Aber natürlich bloß so oina, wo mai Elfriede ao mag!
Ond nochdem ihr Muskelkater einigermaßa vrganga ist, send mir scho wieder am überlega, ob mir ned zom schwemma ganga sollad, ens Hallabad.
Aber dann hend mir wieder s Problem, wega ma

Badeahzug für d Elfriede. – Ond FKK will se ned macha, daß diea Leut ned so vrschreckad!
Jetzt onser Markusle hod gmoind, mir sollad ons hald no a Tandem kaufa, woißt, so a Fahrrad für zwoi Leut. – Aber do hann no i gstreikt! – Weil i no d Elfriede diea ganze Bückel naufziega derf ond dui hockad henda nauf ond guckt sich d Gegend ah! – Drfür ist se jetzt wieder narrad mit mir!

Es grüßt Di ganz herzlich, Dai unsportlicher Fraind

Eugen Emberle

Das Weihnachtsgeschenk

Mai lieaber Fraind!

Über Daine Glückwünsch zom Neua Johr hann i mi saumäßig gfreut. – Glück ka ma emmer braucha, bsonders i!
Menschenskind war des ein Weihnachta! – Do ist bei ons ‚Hai laif' gwesa, wie emmer mai Großer sagt. Ond dr Kloi hod sainer Dote am Telefo vorgschwärmt, daß bei ons ‚voll Äktschn' gwesa sei. Jetzt mir hods ned so gfalla. – I hann mi nämlich an dene Feiertag ausruha wella.
Natürlich hod mai Elfriede gsagt, daß i wieder an ällam schuld gwesa sei.
Freilich muaß i zugeba, daß mir an kleiner Irrtum onderlaufa ist. – Wo i nämlich main Herr Sohn gfrogt hann, was er sich denn von mir zu Weihnachta wünsch, hod der wörtlich zu mir gsagt: »Ha a Woog mann!«
I hann mi zwor ao gwondert, zu was der a Woog braucht, wo doch der so huddeldürr ist.
Aber nochdem Personawooga heutzutag nemme so teuer send, hann i ihm a Exklusivmodell mit elektronischer Digitalanzeige kauft.

Ond wo der dann am Heiliga Obend mai Gschenk auspackt hod, griegt der an Wutahfall ond hod mit saine neue Klettvrschlußturnschuha, wo er von saim Dete griegt hod, dui Woog so gega da Christbaum kickt, daß der omgfalla ist ond drei von de schönste Glaskugla heeganga send. – Ond zwor oine von dene, wo i no von mainer Uroma ghed hann! No ben i aber ao narrad worda ond hann ihn ziemlich laut gfrogt, was jetzt eigentlich an dera Woog ned recht sei, wo er se sich doch selber

gwünscht hedd, ond i ihm wirklich koin Kruscht kauft hedd.
Aber er hod no zrückgschriea, mit mir zom schwätza hedd überhaupt koin Sinn, des sei grad wie an Griff ens Klo!
Mai lieaber Fraind, Du erinnerst Di doch sicher, daß i früher emmer gega dui Prügelstrof gwesa ben, aber was hedd i do no saga solla?
Eigentlich hann i ihn jo ao ned so arg vrschlaga möchta, ond nochher hods mir ao wieder leid doa. Aber weil er jetzt nix mehr mit mir schwätzt, will i mi ao ned bei ihm entschuldiga.
Mai Elfriede schwätzt ao bloß no s Nötigste mit mir, was aber weiters ned so schlemm ist. Bloß, daß sui jetzt behauptet, i hedd s ganze Weihnachtsfest vrsaut, des fuchst mi scho a bißle! Mai Markusle schwätzt no mit mir, wenn grad niemand em Zemmer ist. Ond der hod mir dann ao erklärt, daß dr Andreas, wo er gsagt hedd »Ha a Woog mann«, dodrmit koi Personawoog gmoint hedd, sondern an Walkmann, was englisch sei ond soviel hoiß, wie an Radio mit Kopfhörer zom omhänga. Vielleicht entschuldig i mi doch no beim Andreas, wenn er wieder do ist. – Er ist nämlich über Neujohr mit saim Kumpl auf a Hütte gfahra en sainer Wut. – Ond mai Elfriede hods ihm zahlt, aus maim Geldbeutel natürlich.

Ond sui ist mit em Markusle zo sainer Oma gfahra. Jetzt i ben drhoim blieba, weil i mi mit mainer Schwiegermutter ned so bsonders guat vrstand. So hann i jetzt also dui Zeit nützа könna, om Dir, maim oinziga ond besta Fraind für Dai lieaba Neujohrskart zom danka.
Es hod mir richtig guat doa, daß i mi hann bei Dir a bißle ausschwätza könna.

Ond dodrfür dankt Dir, ond grüßt Di ganz herzlich,
Dai trauriger Fraind

Eugen Emberle

Der Lotteriegewinn

Mai lieaber Fraind!

Vielen Dank für Dain letschda Brief! – Ao bei mir hod sich wieder einiges ereignad.
Vor a paar Tag hann i a Schreiba griegt, von ra Lotterie, daß i a Reise gwonna hedd!
Stell Dir vor, a ganza Woch lang en ma schöna Hotel, Einzelzemmer mit Dusche, WC ond Balkon. Mit Halbpension ond 100 Mark Taschageld! – Abfahrt ab Heimatbahnhof, ällas omsonst!
Menschenskind hann i mi dodrüber gfreut.
Aber bloß so lang, bis mai Elfriede den Brief glesa hod. – Dui hod sich no ao drüber gfreut ond hod gsagt: »Prima, do gangad mir nah!« Mir! – No hann i mi scho nemme so drüber gfreut. Ond wo se no gsagt hod, daß mir do selbstvrständlich onsere zwoi Buaba ao mitnemmad, hann i zerst amol ahgfanga zom rechna.
Mai Elfriede hod glei a Prospekt ahgfordert von dem Hotel, ond i hann heimlich mit dera Lotterie telefoniert, ob ma sich denn den Gewinn ned ao rauszahla lassa könn. – Aber diea hend des rondweg abglehnt!

Doch no hend se mir ausgrechnad, daß mai Elfriede omsonst mitfahra könn, wenn i selber mit maim Auto fahr, auf mai Taschageld vrzichte ond der Einzelzemmerzuschlag auf des Doppelzemmer ahgrechnad werd. – Aber für maine Jonge muaß i bereits 1000 Mark nochzahla, für dui Woch! – Ond no hend mir no ned amol a Mittagessa ghed! Aber s Schlemmste kommt no. – Des Hotel hod ons no glei a Sonderahgebot gschickt, wenn mir 14 Tag dobleibe, no müssad mir bloß 11 Tag zahla. Ond natürlich hod onser Familiarat bei oiner Gegastemm beschlossa, daß ma glei 14 Tag fährt! Jetzt kostet mi der Gewinn bereits über 2000 Mark, ohne s Mittagessa! – Ond sonstige Ohkosta hann i jo no garned naigrechnad.

Ond no ist mainer Elfriede no a neus Kloid em Kopf rom gfahra. I ben no mit ihra hendere ens Schlofzemmer ond hann älle Kloider rausghengt, daß ses ahprobiera soll, aber diea send tatsächlich älle z eng gwesa.

I hann no zu ihra gsagt, ob des ons ned billiger käm, wenn sui abnemma däd, aber des hedd i lieaber ned saga solla! – Weil se jetzt wieder nix mehr mit mir schwätzt.

Mai lieaber Fraind, Du wirst des vielleicht ned vrstanda, daß ma sich über so an Gewinn ned freua ka, aber i hann meistens Pech mit maim Glück!

I hann scho amol a wunderschöns rosarots Damahandtäschle en ra Tombola gwonna. – Ond no hann i des voller Stolz mainer Elfriede gschenkt. Ond dui hod natürlich a sau Freud ghed, hod aber glei gsagt, daß se dodrzua jo nix zom ahziega hedd. – Oh hedd i des Täschle no glei en da Mülloimer gschmissa!
Jetzt hann i ihra a rosarots Kostüm, a passenda Blus drzua, an rosarota Gürtel ond rosarote Schuha kaufa dürfa!
Ond Du kannst Dir ned vorstella, was diea Kloider en dr Elfriede ihrer Größe kostet!
Mai lieaber Fraind, Du derfst mir glauba, daß i nirgends mehr a Los kauf. – Weil soviel Glück ist mir auf Dauer doch z teuer!
I schreib Dir no später, wie onser Urlaub vrlaufa ist.

Es grüßt Di ganz herzlich, Dai ohglücklicher Fraind

Eugen Emberle

Im Urlaub

Mai lieaber Fraind!

Mir send fai wieder do von onserm Urlaub! – Es war zom drvo laufa! – Ahgfanga hods scho während dr Fahrt. Dr Kloi, mai Markusle, hod de ganz Zeit brellad, weil er sain Goldhamster hod ned mitnemma dürfa. Ond dr Groß, dr Andreas, hod ständig romgoscht, weil i s Radio ahghed hann. Woißt, i hann mir dui volkstümlicha Hitparade ahghört, weil des doch mai Lieblingssendung ist. Dr Andreas hod dauernd aufem Rücksitz gschempft, wie ma ao so an Dreck ahhöra könnt, des sei doch koi Musik. Ond zletschda hod der no gschriea, i sei an degenerierter Typ!
No ben i auf da nägsta Parkplatz naigfahra ond hann zu ihm gsagt, wenns ihm ned paß, no könn er jo laufa. – Jetzt ist der ausgstiega ond ahneglaufa! No ben i henderher gfahra, ond mai Elfriede hod zom offana Fenster naus bittlad ond bettlad, er soll doch wieder aisteiga, dr Vatter mach ao ganz gwieß s Radio aus!
Ja do hods ällas braucht, daß der des doa hod! No hann i hald für da Rest von dr Fahrt s Radio voll auslassa.

Ond wo mir dann en dem Hotel ahkomma send, des war ao so ein Deng, mai lieaber Scholli! Em Zemmer aibaut war so a Naßzelle, wie des em Prospekt ghoißa hod. – Naßzellale hedd des hoißa müssa! – I glaub, daß ned amol en ra Zelle so eng ist.
En dr Duschkabine hann i müssa dui Tür aufschieba, wenn i d Füß gwäscha hann, sonst hedd i mi ned amol bücka könna.
Ond des Klo! – Des hend se derart zwischa dui Duschkabine naigsetzt, daß i doghockt ben, wie so a Fragezeiche. – Also Durchfall hedd i en dera Zeit ned hann möchta!
Jetzt mai Elfriede war natürlich scho gschlaucht, mit ihre 2 1/2 Zentner. Dui ist schier ned hendere komma!
Aber se hod koin Ton gsagt, weil i glei ahgordnet hann, wenns ons ned gfällt, reisad mir sofort wieder ab!
Ao diea Zemmer warad saumäßig kloi. – Wenn mir am Kloiderschrank hend a Tür aufmacha möchta, hend mir emmer zerst onsere Koffer ond Tascha auf diea Betta nahbeiga müssa.
Aber drfür warad onsere Fenster auf d Hauptstroß naus. No hann i wenigstens bei Nacht an dr Zemmerdecke dera Lichtreklame zuagucka könna, wenn mai Elfriede so arg gschnarcht hod.

Jetzt onsere Jonge hods gfalla. Diea hend ihr oiges Zemmer ghed. Do hend se könna omtreiba! Dr Andreas hod glei am ersta Morga mit saim Ellaboga dui Tür von ihrer Duschkabine naus gschlaga. No ist der wenigstens oin Tag kleilaut gwesa.
Der Ober war ein richtig überheblicher ond aigebildeter Lackaff! – Doch oimol hod der mir gfalla. – Mai Elfriede hod a Schweinerückasteek mit Reis bstellt. Ond wos der no brocht hod, sagt sui, daß se dodrzua no gern a Sößle hedd. No hod der Ober gsagt, daß ma dodrzua koi Sößle ißt. – No hod mai Elfriede wieder gsagt, sui möcht aber do a Sößle drzua.
Jetzt hod se der von oba bis onda ahguckt ond hod gsagt, daß es für sui sowieso besser wär, wenn se ned so viel Sößla essa däd. Ond no ist der abzoga ond hod koi Sößle brocht.
Do hods sogar mainer Elfriede d Sproch vrschlaga, ond dui woißt sonst eigentlich emmer ebbas!
Von mir hod se no wella, daß i mi über den Ober bei dr Hotelleitung beschwera soll. – No hann i zu ihra gsagt, daß i des garned aiseh. Der hedd doch recht ghed. – Dann ist für drei Tag Funkstille gwesa!
Aber no hod se mi wieder braucht. Se hod sich ohbedengt a Dirndl kaufa wella, ond i hann dommerweise über sämtliche Geldreserva verfügt. Obs

Du mir glaubst oder ned, mir send en mindestens fünfzehn Trachtagschäfta drenn gwesa ond en jedem hod se mindestens fünf Dirndl ahprobiert. I ben no emmer glei auf an Stuhl nahgsessa ond hann gwartet. No ist se en voller Ausstattung an mir vorbei gschwebt ond hod gfrogt, wie mir des gfällt. – Jetzt i hann emmer zerst noch dem Preis gfrogt, ond no hann i gsagt, ob mir des gfällt oder ned.
Ond wenn ois zu teuer gwesa ist, hann i bloß gsagt, daß se des zu dick mach, ond no war der Fall erledigt.
Diea Dirndl, wo ihra am besta gfalla hend, diea hod se sich zrückhänga lassa, für da Fall, daß se nix mehr bessers fendad.
Mai lieaber Fraind, ja diea hangad älle heut no do! – Weil mir Hals über Kopf hend abreisa müssa. Onser Nochber hod ahgrufa, daß an Wasserrohrbruch onsern ganza Keller überschwemmt hedd.
Jetzt semmer fertig mit schöpfa ond butza, ond no hann i denkt, i schreib Dir gschwend, wie onser Urlaub gwesa ist.

Es grüßt Di ganz herzlich, Dai erholungsbedürftiger Fraind

Eugen Emberle

Andreas wird vermißt

Mai lieaber Fraind!

Ma sodds ned glauba, was ällas passiera ka! Send mir doch gestern obend bei dr Dande Amale ihrem 80. Geburtstag aiglada gwesa.
No hod se nochem Nachtessa wieder ihren selber gmachta Oierlikör nahgstellt, – aber dui Brüha kast echt ned saufa! Lieaber supf i a rohs Oi aus!
No hann i s Amale gfrogt, ob se ned ebbas anders do hedd, i dürf koine Oier essa, wega dem Cholesterin.
Woißt, des ist mir hald grad so aigfalla, weil i des beim Frisör glesa hann. – Aber mai Elfriede hod me vrschempft ond hod gsagt, so ebbas dürf ma ned macha, sonst grieg ma des wirklich! Aber s Amale hods glaubt ond hod ihren Kirschlikör rausdoa ond zwor an kaufta! – Den hod ma wenigstens trenka könna.
Zom Glück hod d Elfriede em Amale en dr Küche gholfa, no hann i mit em Siegfried, em Gerhard ond em Onkel Berthold den Kirschlikör gleert. Ond schlag me s Blechle, ben i auf dr Hoimfahrt von dr Polizei ahghalda worda!

So, jetzt host dain Führerschei los, hann i denkt, wo i mit wackeliche Kniea ausgstiega ben. Ond vor lauter Aufregung hann i ao no da Hecker griegt!
Jetzt send des zwoi ganz jonge Polizista gwesa. Oh je' hann i denkt, diea möchtet sich ihre erste Spora vrdiena. – Ond prompt hend se ao gsagt, daß se a Fahrzeugkontrolle macha möchtet, ond ob i ebbas tronka hedd!
No hann i hald gsagt, wie s ist, i hedd an Kirschlikör ghed, ond hann dui Flasch gmoint.
Jetzt diea hend denkt, i moin a Glas, ond hend gsagt, no seis jo guat.
Se hend da Führerschei kontrolliert ond beahstandad, daß an maim rechta Scheinwerfer s Birnle hee sei, i solls macha lassa ond d Bescheinigung von dr Werkstatt ihne no zuaschicka.
Glaubst, i hedd diea Kender grad omarma könna, so ben i froh gwesa, ond main Hecker ist auf oimol ao wieder weg gwesa!
D Elfriede ist, entgega ihrer sonstiga Art, still em Auto ghockt ond hod sich ned vrregt. Ond erst wo mir oms Eck nom send, hod se gsagt, des sei a Glück gwesa, daß i ned soviel tronka ghed hedd. – Aber i hann se en dem Glauba lassa!
Wo mir nachts am Zwölfe endlich drhoim warad, hod mai Elfriede routinemäßig gschwend no en diea Zemmer von de Buaba naiguckt – jetzt ist dr

Andreas no gar ned em Bett gwesa! – Der war überhaupt ned do! – Des hod er no nie gmacht, mitta en dr Woch.
No hend mir schnell s Markusle gweckt, jetzt ist der beim schwätza schier wieder aigschlofa. Dr Andreas sei mit saim Kumpl ens Kino, mehr wiss er ao ned. – No hod Elfriede bei dem ahgrufa. Mensch war dem Kumpl sai Vatter an grätiger Siach! Ja also, sai Sohn sei em Bett, wie sich des für ahständiche Leut ghört. – Ond mir solle hald auf onser Bürschle besser aufpassa!
Mai lieaber Fraind, do heddest aber mai Elfriede höra solla. – So schnell host gar ned gucka könna, wie der sain Jonga gweckt hod!
Se heddad also an Film über Südfrankreich ahguckt ond beim Adesaga hedd onser Andreas gsagt, daß er am liebsta heut nacht no an da Atlantik trämpa möcht!
Jetzt ist ons natürlich scho s Zäpfle nonder! No hend mir d Polizei ahgrufa, se sollad ao da Andreas an dr Grenze solang festhalta, bis mir do send. – Ond des en maim Balla!
No hend se gfrogt, ob an Abschiedsbrief vorlieg. Also ben i dapfert naufgsaut ond hann em Andreas saim Zemmer drnoch gucka wella!
Jetzt hann i en maim Dullo ned recht aufpaßt ond ben auf sai Skeedbord naufdappt. – I hann mi em

falla no an saim Schreibtisch heba wella, hann aber bloß no sai Lamp vrwischt.
No hods an Schlag doa, daß ma gmoint hod, d Elfriede hedd ihr Küchebüfee d Trepp nonder lassa.
Ond wie i so dolieg ond überlegt hann, was mir em Moment am meista weh duad, taucht auf oimol em Andreas sain Wuschelkopf hender saim Bett auf ond frogt mi, ob i denn bsoffa sei.
No ben i oms Bett rom grabblad. – Jetzt ist der Denger en ma Schlofsack aufem Boda glega ond

hod mi ahguckt, wie wenn des s normalste von dr Welt wär.
Ond wo i den no gfrogt hann, ob er eigentlich no ganz bacha sei, hod er gsagt, er hedd durch den französischa Pfadfinderfilm hald Lust ghed, den neua Schlofsack von saim Dede auszomprobiera!
No hann i mi zerst bei dr Polizei entschuldigt, mai Elfriede beruhigt, weil dui an Heulkrampf griegt hod, ond no ben i no a paar Minuta nahglega, bis dr Wecker gschellt hod.
Mai lieaber Fraind, Du machst Dir doch emmer Gedanka, daß ihr koine Kender hend. – Aber glaub mir, des hod ao ebbas für sich.

Es grüßt Di ganz herzlich, Dai hondsrackermüder Fraind

Eugen Emberle

Abschlußball

Mai lieaber Fraind!

Gestern send mai Elfriede ond i beim Andreas saim Abschlußball von dr Tanzschual gwesa.
Des war vielleicht ein Theater!
Ahgfanga hods, daß d Elfriede a neus Obendkloid braucht hod. Se ist mit em Zug noch Stuttgart gfahra ond hod guckt, ob se do ned ebbas passends griegt. Was hoißt passend? Bei dr Elfriede spannt sowieso emmer ällas, weil se en ihrer Größe kaum ebbas am Lager hend! – Jetzt ist se also mit soma blümlada langa Kloid drher komma, des war de reinst Farbaschachtel. Mai Elfriede en ma langa Kloid! – Des hod ausgseha, wie a gfärbta Regatonn.
I hann eigentlich nix saga wella, aber wo se no gsagt hod, daß i mir dodrzua an Smoking kaufa soll, no ist mir s hald rausgfahra, daß ma zu dem Kloid högstens a Hawaiihemd ond Bermudashorts traga könn, aber koin Smoking!
Jetzt ist se wieder a paar Tag lang mit vrheulte Auga romglaufa. – Des hann i no ao ned wella, also ben i hald en main schwarza Ahzug naigschlupft, wo i emmer zu Beerdigunga ond Hochzeita ahzieg.

Als nägstes hod no dr Andreas durchdreht! Wo der mitgriegt hod, daß d Elfriede beim Gärtner an Strauß rote Rosa bstellt hod, für sai Partnerin, mit dera er da Abschlußball macht, hod der wieder oin von saine Ahfäll griegt ond hod romgschriea wie blöd. Des sei überhaupt nemme Mode ond mir lebe jo henderem Mond, ond so ist des grad ahne ganga.
Glaubst Du der Donnderwetter hedd den Strauß gnomma? – I hannen de ganz Zeit mit mir romtraga müssa! – Ond wo i ihn gfrogt hann, wann er denn sai Mädle abhola däd, hod der gsagt, dui komm selber end Festhalle.
Mai lieaber Fraind, des send ao no Zeita gwesa, wo mir en dem Alter warad! – Gschniegelt ond bügelt send mir bei onsere Mädla ihre Eltern en dr guata Stub auf em Sofa gsessa, ond hend mit feuchte Händ gwartet, bis onser Angebeteta em neua Kloid zor Tür rai gschwebt ist.
Des hoißt, mai Elfriede ist domols scho nemme gschwebt!
Aber jetzt wieder zrück zu dem Abschlußball. Mir send also en dera Festhalle am Tisch ghockt, ond d Elfriede hod grad dui Speisekart studiert, strahlt dr Andreas auf oimol wie so an Putzoimer ond no ist se auf ons zu komma. D Elfriede hod vor lauter Schreck beinoh ihr Waiglas omgschmissa!

Dui hod ihre Hoor nausgstellt, wie wenn se mit nasse Händ an a Steckdos nahkomma wär.
Oi Seit war grün gfärbt, de ander rot ond en dr Mitte hod se an lila Stroifa ghed!
Ond ihr Gsicht hod se ahgmolt ghed, do ist dr Elfriede ihr Kloid direkt no human drgega gwesa! Diea zwoi riesige Ohrreng heddad mi jo ned so gstört, aber daß dui em linka Nasaflügel zwoi so silberne Blättla drenn ghed hod, des hann i schier ned vrkraftet.
Se hod no »Hallo« gsagt, ist her gsessa ond no warad mir abgmeldet. – Dui hod bloß no türkisumrandete Auga für da Andreas ghed.
Mit ihre schwarzlackierte Fengernägel ist se dem Kerle emmer über saine Handrücka gstricha, daß mirs schier d Schuha auszoga hod, ond hod mit ihre dunklblau ahgmolte Lippa emmer so an Kußmund nahgmacht.
Mai lieaber Fraind, Du derfst mir glauba, daß i grad froh gwesa ben, wo d Musik ahgfanga hod. I ben jo sonst koi so großer Tänzer vor dem Herrn. I hann mir sonst emmer zor Vorsicht an Vrband om da Fußknöchel gmacht, daß i bei dr Damawahl bloß no hann mai Hos a bißle lupfa derfa ond no send se wieder abzoga.
Aber do? – I hann gmoint, mir druckts an Kropf raus. – Ond dodrbei heddest erst no mai Elfriede

höra solla, wo mir auf dr Tanzfläche warad! Main lieber Scholli, dui hod doa, wie a Häble! I hann bloß ned viel schwätza könna, weil i bei de Drehunga emmer hann om mai Elfriede romsaua müssa. – Wo de andere oin Schritt gmacht hend, ben i dreimol soviel glaufa.

Diea hend andauernd ihr Beziehungskiste diskutiert.

Du, diea hend teilweise Problem drher brocht, do hedd ma ons früher an d Gosch nahgschlaga, no heddad mir gwißt, was ons fehlt!

Am Zehne rom send se aufgstanda ond hend vrkündad, daß se no en a Disko gangad.

No ist mai Elfriede ao aufgstanda ond hod gsagt, wo sui nahgang, des sei ihra egal, aber dr Andreas gang mit ons hoim, ond zwor sofort!

Mai lieaber Fraind, seit neun Stond vrhandelt jetzt mai Elfriede durch de abgschlosse Tür vom Kenderzemmer mit em Andreas, daß er doch wieder aufmacha soll.

Jetzt i hann denkt, i schreib Dir solang a paar Zeila, no brauch i mir wenigstens a Weile des Affatheater ned mit ahhöra.

Es grüßt Di ganz herzlich, Dai altmodischer Fraind

Eugen Emberle

Im Spielkasino

Mai lieaber Fraind!

Zom Schutz vor Querschläger hann i mi en mai sichera ond stilla Kammer zrückzoga. – Bei ons ist nämlich grad wieder Feuer onderm Dach!
Mai Elfriede spuckt Gift ond Galle!
Gestern hann i doch mit maim Gschäftskollega Hermann zu so ra Informationstagung fahra müssa. Jetzt ist dui früher aus gwesa, weil oiner von dene Referenta krank worda ist.
No hod dr Hermann gsagt: »Woißt was Eugen, mir gangad amol en so a Spielbank!«
Ha ond weil dr Hermann mit saim Auto gfahra gwesa ist, ben i hald mit. – I hann aber glei zu ihm gsagt, daß er sich jo niea vor mainer Elfriede vrschwätza dürf, weil mir dui sonst Haut ronder däd!
Zom Glück send mir einigermaßa ahzoga gwesa, weil ma jo do ohne Krawatt gar ned nai derf.
Jetzt hod ma dene zerst amol da Ausweis vorlega müssa, ond no hend diea ällas fai säuberlich aufgschrieba, ja diea hend sogar no noch maim Beruf gfrogt! – I hann dann zu dene Herra gsagt, daß se mir jo niea hoimschreiba sollad, oder gar Prospekt

schicka, wega mainer Elfriede. No hend mir so an Tagesausweis griegt, wo ma hod vorzeiga müssa, wenn ma en diea oinzelne Räum hod nai wella.
Diea Ahgstellte dort send älle en de schwarze Ahzüg ond silberne Krawatta rom glaufa. – Do ben i mir no richtig schäbich vorkomma, en mainer Windblus ond en de Sandala.
Mai lieaber Fraind, do send mittags am Viere scho drei Tisch vollbesetzt gwesa mit Leut, wo Roulett gspielt hend!
Also i hann jo nix vrstanda! – Des ist ällas so schnell ganga. – Do hend se emmer Zahla gschriea, ond Finale, Carree ond Kolonne!
Ond no hend se ihre Plastikmärkla kreuz ond quer en diea Felder naigschmissa.
Drei Herra em Smoking send mit so Schäufala do gsessa ond hend emmer diea Märkla zu sich herzoga, ond an Vierter ist auf soma Hochsitz ghockt, wie beim Tennis.
Jetzt dr Hermann war scho a paarmol do, der ist no mit mir an dene ihr Kass nom glaufa, ond no hann i für 100 Mark aigwechslad. – Jetzt hann i also 20 Plastikmärkla griegt, oina zu 5 Mark. Diea hend ausgseha, wie beim Flohhopfa, bloß hald größer.
I ben richtig aufgregt gwesa, wo mir an so an Spieltisch nahgsessa send. No hann i, wie diea andere, ao maine Märkla vor mi nahbeigad ond ois drvo dem

Herra mit dem Schäufale geba, ond hann gsagt, er soll des auf da Geburtstag von mainer Elfriede setza.
Dr Hermann hod no zu mir gsagt, wenn dui Nummer gwenn, no grieg i des 35-fache von maim Aisatz wieder raus!
I hann no emmer d Hend an maine Hosaboiner abtrockna müssa, so war i aufgregt.
Ond no ist s aber losganga! – Do hend se mit 1000 Mark-Märkla ond oine sogar mit 5000 Mark-Märkla gsetzt!!! – Oft hend diea ganze Roiha gfüllt, mit ihre Märkla! – Ond oine hend schnell no 500-Markschei ond Tausender auf s Spielfeld gschmissa!
I hann dann zu dem Schäufelesma neba mir gsagt: »Des oine Märkle ist no fai s maine!« – Aber der hod hald glacht, hod so a Kügale en des Roulettrad gschmissa ond hod gschriea: »Nichts geht mehr!«
No hod aber a ganz andera Zahl gwonna ghed, als de mai. – So schnell hann i gar ned gucka könna, wie mai Märkle vrschwonda ist!
No hod dr Hermann gsagt, daß des ao koin Wert hedd, i soll doch ganze Seria setza.
No hann i hald auf älle Geburtstäg gsetzt, wo mir grad aigfalla send, sogar auf den vom Dande Amale. – Aber nix ist s gwesa!
Dr Hermann hod no gsagt, des könn ao ned sai, do müss ma Geduld hann. – No hann i hald weider

gspielt. – Ond wo maine 100 Mark weg gwesa send, ist mir s schlecht worda, weil i an mai Elfriede hann denka müssa.
Aber dr Hermann hod gsagt, daß diea Zahla noch dem Gesetz der Serie oifach komma müssad! – Ond no hod er mir von saine Märkla geba.
I hann gspielt ond gspielt, daß i des Geld wieder rai grieg. – Ständig hann i an mai Elfriede denka müssa, wenn dui des erfahra däd, no hedd i nix mehr zom Lacha.
Ond auf oimol send em Hermann saine Märkla ao ausganga. – No hod er mi gfrogt, ob i Schecks drbei hedd. – Aber diea hod Elfriede en ihrer Handdasch ghed. – Zom Glück, muaß i saga! Stell Dir vor, i hann no gschwend en ra halba Stond 350 Mark vrspielt ghed, ond 250 dodrvo schulde i jetzt no em Hermann.
Mai lieaber Fraind, Du derfst mir glauba, daß i niea mehr en maim Leba om Geld spiel! – Aber ned bloß deswega, weil d Elfriede heut morga en mainer Hos den Ausweis von dera Spielbank gfonda hod!

Es grüßt Di ganz herzlich, Dai glückloser Fraind

Eugen Emberle

Am Baggersee

Mai lieaber Fraind!

Heut ist amol wieder so an richtig vrkorkster Sonntag gwesa! – Ahgfanga hods dodrmit, daß mir an den Baggersee gfahra send, wo dr Andreas ons scho seit Wocha en de Ohra glega ist, daß ma do amol nah sodd.
Eigentlich hann i mi jo scho a bißle gwundert ghed, woher auf oimol dem sai Familiasenn kommt. Aber i hann mir hald denkt, daß der mi bloß als Fahrer braucht – ond so ist s no ao gwesa!
Wo nämlich d Elfriede gsagt hod, daß sui ohmöglich mehr en ihrem Badeahzug romlaufa könn, hod dr Andreas doch glatt gsagt, ja no soll se hald drhoim bleiba!
Also des mit dem Badeahzug hann i jo aigseha, aber i hann dann trotzdem gsagt: »Entweder mir gangad mitnander oder gar ned!«
Dann hend mir schlieaßlich den Kompromiß gfonda, daß dr Markusle ond dr Andreas bada sollad, ond i lauf mit dr Elfriede hald a bißle spaziera. I moin, mir hedd jo mai Badhos no paßt! – Aber was willst denn do anders macha?

Also zerst hend mir amol über an Kilometer laufa müssa, bis mir dort warad, weil mir en dr Nähe koin Parkplatz mehr griegt hend. – Ond des mit dr Kühltasch, de Luftmatratza, Taucherbrilla, Schnorchel, Badeschuha, Handtücher, Sonnacrem ond Gutzla für de Jonge, ond Campingstühl ond -tischle, Thermoskann, Kaffeegschirr ond selbergmachta Marmorkucha für ons, wenn mir von onserm Spaziergang wieder zrück send.
No hend mir ons also am Baggersee onder ma schattiga Baum, em oinziga übrigens wo no frei war, häuslich niederglassa.
De Jonge hend sich omzoga, send ens Wasser gspronga, ond i ben no hald mit dr Elfriede ahneglaufa.
Mai lieaber Fraind, ond no ben i vielleicht vrschrokka! – Kommt ons doch do auf oimol an älterer Ma entgega, wo ganz nackad gwesa ist! Der hod saine Hend aufem Rücka ghed ond hod ganz freundlich rom grüßt.
»Saukerle!«, hod no mai Elfriede gsagt, wo mir a paar Schritt weg gwesa send. – Ond i hann grad ebbas dodrzu saga möchta, kommad do zwoi ohgfähr 20jährige Mädla om an Buscha rom, ond diea hend s gleicha ahghed, wie der Ma do vorher. – Jetzt hann i bloß no trocka gschluckt! Ond weil i an höflicher Mensch ben, hann i hald ao ganz freund-

lich grüßt! – Vielleicht hedd i dene zwoi ned ao no nochgucka solla?
Mai Elfriede hod nämlich auf oimol so gröchelt, daß i schnell gfrogt hann, ob i ihre Herztropfa aus em Auto hola soll.
No hod se mi so ahguckt, daß i gwißt hann, daß sui koi Arznei braucht!
»Eugen! – Du holst sofort onsere Buaba, mir fahrad unvrzüglich hoim!«
Mai lieaber Fraind, ond bei dem Tonfall hann i gwißt, daß i do gar ned no lang romdiskutiera brauch!

Da Markusle hann i glei gfonda ond der hod no ao des Theater gmacht, wo i erwartet hann, aber er ist no doch mit dr Elfriede ond dr oina Hälfte von onserer Picknickausrüstung abzoga, zom Auto. Jetzt ben i also om den ganza See romglaufa ond hann main Andreas gsucht. – No hann i dui Aussicht so richtig genießa könna. Bloß ab ond zua, wenn i an mai Elfriede denkt hann, ben i schneller glaufa.
I hann jo ao fast om jedes Gebüsch romlaufa müssa, zom ihn sucha! – Do hend se mi dann ällamol ahguckt, wie so an Spanner.
Zletschda ist mir des dann ao selber peinlich worda. I hann mir fai fest vorgnomma ghed, daß i em Andreas oina bacha hedd, wenn der ohne Badhos romglaufa wär. – Aber do hann i mi doch en maim Buaba täuscht ghed!
Er ist völlig zivil bei saim Lehrer gstanda ond hod sich mit ihm über alte Phönizier onderhalta. Aber do hann i ned mitschwätza könna, weil i mi en Antiquitäta ned so guat auskenn. I hann no hald gsagt, daß d Elfriede völlig überraschend wieder hoim will, aber der Lehrer hod glei gsagt, er breng no da Andreas hoim, mir solle no fahra.
No ben i wieder zrückglaufa, hann voll de restlich Ausrüstung, wo eigentlich heddad zwoi traga solla, alloi gnomma, ond ben zom Auto dappd. D Elfriede hod scho kocht vor Wut, wo i komma ben! –

Ond wo i no ohgfähr noch 10 Minuta endlich zu Wort komma ben, hod se mir des gar ned glaubt! – I nemm jo doch bloß da Andreas en Schutz! – Ond i hedd jo ao koin Wert, wenn i zulaß, daß onsere Kender so vrdorba werdad! Glaubst Du, i hann grad zom doa ghed, daß d Elfriede ned wieder nom ist, zom da Jonga hola! No hann i no en dr Aufregung mai Rücklicht an so ma Brückaglender hanga lassa, no ist dr Spurt voll ghockad!
Jetzt sitzt mai Elfriede en dr Küche ond ißt voll ihren ganza Marmorkucha. Dr Kloi hockt vorem Fernseher ond heult. Dr Andreas ist emmer no ned drhoim, ond i hann mir a guats Viertele aigschenkt ond ben en mai stills Kämmerle ganga, daß i Dir amol wieder en Ruhe schreiba ka.

Es grüßt Di ganz herzlich, Dai Baggerseefan ond Fraind

Eugen Emberle

Vegetarische Kost

Mai lieaber Fraind!

Was ma ällas mitmacha muaß, bis ma alt gnug ist! Onser Andreas ist von dr Schual hoimkomma ond hod vrkündad, daß er ab sofort koi Floisch ond koi Wurst mehr essa däd!
En de Pflanza seiad gnug Umweltgiftstoffe drenn, ond wenn des diea Tierla fressad, no heddad se des Gift no viel konzentrierter en ihrem Floisch. Außerdem däd no s Essa auf dr ganza Welt für älle langa, wenn diea Menscha bloß no Pflanza ond Frücht essa dädad. – Diea Tierla esse doch viel mehr Pflanza en ihrem Leba, als se ons nochher mit ihrem Floisch satt machad!
Was willst do no saga? – Zom Glück hods an dem Tag grad Pfannakucha geba!
Em Markusle hod er no erzählt, wer Tierla ombreng sei an Mörder, weils doch en dr Bibel hoißt: Du sollst nicht töten! – No war der bekehrt! Zor Elfriede hod er gsagt, daß se vegetarisch emmer essa könn soviel se well, ond nemm trotzdem no ab, ond außerdem däd no ihr Bluthochdruck von alloi voll wegganga! – No war dui ao überzeugt!

Ond no ben i drakomma. – Also für mi seis sowieso besser, wenn i mit mainer Wurstfresserei aufhör! – Weil diea Schmerza en maine Zeha, des sei Gicht oder Rheuma ond des komm von dr Wurst ond vom Floisch! – Ob i denn später amol so romlaufa well: Ond no ist der vor mir auf ond ab glaufa, wie dr Glöckner von Notre-Dam. – Ond weil i des ned wella hann, ben i hald ao zu de Vegetarier übertreta! Dr Andreas hod ons no zu Lacto-Vegetarier ernannt, des send diea, wo Milch, Milchprodukte ond Oier essa dürfad. – Worom woiß i ao ned, weil doch des ao von Tierla ist, ond diea will er jo abschaffa! – Aber i hann nix gsagt, sonst hedd i voll gar nix mehr essa dürfa!
Mai lieaber Fraind, ond jetzt ist mai Martyrium losganga! – Morgens hods Körnermüsli geba, mit Obst ond Milch. – Do hann i no furchtbare Blähunga drauf griegt!
Zom Vesper hods an Epfl mit Vollkornbrot geba. I hann mir hald aigschwätzt, sei a Mettwurst drauf, no hann i des ao nonder brocht.
Zom Mittagessa hods backene Zucchini mit Sojakeimling geba. – Wenn de auf dene Keimling rombissa host, hods knackt, wie wenn ma an Engerling vespra däd.
Nachmittags hann i trocknete Dattla kaua müssa, ond diea send mir emmer so en de Zeh hanga blie-

ba! Ond em obends hods no a großa Salatschüssel geba, mit Maiskörner, Weizakeimling, Getreide, Bohnakern, Hüttakäs ond Zwiebel.
Bua, – do ist s nochher aber zuaganga bei ons! Jeden Tag hods ebbas anders geba. – Ond wenn mir aiglada gwesa send, no hend mir hald bloß Spätzla Gmüas ond Soß rausgschöpft.
Am schlemmsta ist s gwesa, wenn de andere neba oim dra Rostbrota mit Zwiebel oder an schöna Schweinehals gessa hend!
Em Gschäft hend se mi no aufzoga, wenn se Weckla gessa hend, mit grilltem Schweinebauch oder war-

mem Leberkäs, ond i ben doghockt, mit maim Rohkostbrot ond Magerquark.
De erste 14 Tag hods mir nix ausgmacht. Aber dann ists emmer schlemmer worda. – Zletschda hann i nachts drvo träumt, wie i en ra Metzgerei gstanda ben ond Gucka voll Floisch ond Wurst kauft hann. Glaubst, so hod mi s mainer Lebtag no niea an so a saftigs Ripple, an durchwachsena Speck ond an a frisch Knöchle nahglustet.
Ond irgendwann amol hann i denkt, wissad ihr was – ihr steigad mir en Tasch – i kauf mir noch Gschäftsschluß am Bahhof an dem Imbißstand a rota Wurst, eß dui genüßlich, ond no gang i hoim zu maine Grünkernküchla mit Fenchelgmüas!
Ond schlag mi s Blechle, wie i am Bahhof om d Eck rom komm, standad do maine zwoi Buaba an dem Grill ond jeder hod a Currywurst en dr Hand! Natürlich hend se boide knallrote Meckel griegt, ond hend ned gwißt, was se saga sollad.
»Ihr send mir schöne Vegetarier!«, hann i gsagt ond hann dapfert nommol drei rote Würst kauft, ond diea hend mir dann mitnander gessa.
Ond no war großer Kriegsrat, wie mir onseren Gesinnungswandel dr Elfriede beibrengad.
»Ehrlich währt am längsten!«, hann i gsagt ond no send mir hoim ond hend beichtet.
Ond statt dem erwarteta Wutahfall ist mir d Elfriede

om da Hals gfalla ond hod gsagt, daß sui ao scho heimlich kochter Schenka ond Aufschnitt kauft hedd.
Mai lieaber Fraind, heut hod s bei ons an herrlicha Sonntagsbrota geba. – An Has vom Onkel Ferdinand.
Mir hod zwor des Häsle leid doa, aber mir ist emmer no lieaber, der beißt ens Gras, als i!

Es grüßt Di ganz herzlich, Dai floischfressender Fraind

Eugen Emberle

Die heiße Apfeltasche

Mai lieaber Fraind!

Mir hend heut beim Dande Luisle an Bsuch gmacht. Des Weib ist 93 Johr alt, aber no fit wie an Turnschuah, – so sagt mai Andreas emmer. Se ist hald a rechta Klemmere. Woißt dui brengt aus oim Kucha 24 Stückla raus!

No send mir natürlich hongrich wieder zor Tür naus. – I hann no em Auto gsagt, daß d Elfriede, wenn mir wieder drhoim send, a rechta Schüssel Wurstsalat macha soll. – Ja i hann grad s Maul zu gmacht, schreiad maine Jonge auf oimol: »Baba, Baba, hald ah, mir wellad an Hamburger essa!« Ond no hann i des Lokal ao gseha. – I hedd mir en dem Augablick nix denka könna, an was mi s weniger nahglustat hedd, als an so an Hamburger. Ond no ist mir aigfalla, daß d Elfriede amol gsagt hod, daß se en koi so a Hamburgerrestaurant mehr nai gang, weil se do ned zwischa diea Bänk ond Tisch nai paßt!

Aber dr Andreas hod gsagt, daß des doch an Draiv-In sei! – Ond weil d Elfriede ond i koi Englisch könnad, hend mir hald gfrogt, ob des ebbas zom essa sei.

Noe, also des hoißt, daß ma do em Auto bedient wird. – No ben i hald amol om des Haus rom gfahra, jetzt ist do a groß̈a Tafel gstanda, mit älle Speisa ond Getränke aufgführt. Ond drvor ist so an Kasta gwesa, wie a Notrufsäule, ond do hod oiner rausgschwätzt, mir sollad ao onser Bstellung aufgeba.
Also hend mir em Eiltempo des Deng durchglesa. De Jonge hend sich no Cola, Pommfrit ond Hamburger bstellt, mir zwoi hend ons jeder a Bier gnomma ond d Elfriede hod sich so panierte Fischfiletstückla mit Currysoß bstellt. Jetzt mi hods an so an Wecka mit Floischküchle, Käs ond grillte Speckscheibla nahglustat.
Der Wecka hod Bacon-Cheese ghoißa, ond i hann doch ned gwißt, wie ma des ausspricht. – Jetzt ist hender dem Nama dui Zahl 5 gstanda, mit ma Kreisle dromrom. – No hann i hald dui Zahl gsagt, weil i gmoint hann, des sei dui Menünummer. No hod der aus dem Automata gsagt, des sei dui Bezeichnung für Propinsäure, wo en vrschiedane Nahrungsmittel von ihne enthalta sei.
Dr Andreas hod mi no ausglacht ond hod auf englisch des bstellt, was i wella hann.
I hann no bloß zu ihm gsagt: »Woißt Andreas, wenns ned so traurich wär, no däd i ao amol lacha, wenn du zom groß̈a Einmaleins dain Solartascharechner brauchst!«

Ond no ben i vor gfahra ond hann des Sach aiglada. Drnoch hend mir ons an Parkplatz gsucht ond hend ahfanga mit essa.
Mai lieaber Fraind, i hann schier ned gwißt, wo i des Zeug nahstella soll. Onser Bier ist en Dosa gwesa. Des hann i no en so Plastikbecher aigschenkt ond aufs Armaturabrett gstellt. Ond jedesmol, wenn mai Elfriede noraganga ist, hann i müssa diea Becher heba.
Em Markusle ist sai Pommfritschächtele nondergfalla, dr Andreas hod mir an Spritzer Cola über maine Hoor nonder lassa, wo er sai Dos aufgmacht hod, ond d Elfriede hod sich ihr Blus mit Currysoß vrtrielad, grad wo se ihr ersts Fischbreckale aidonkt hod.
Se ist wohl nochem Essa nomganga en des Lokal ond hod mit Soif ond Wasser probiert, ob se den Flecka rausgriegt, aber se hod ihr besta weißa Seideblus ahghed, ond drnoch hods bloß no mender ausgseha.
Jetzt, schlag me s Blechle, kommt se mit vrheulte Auga aus dem Lokal raus ond hod scho wieder Zeugs zom essa en dr Hand! – Für sich a hoißa Apfltasch, ond für de Jonge jedem nommol Pommfrit. – Mir hod se nix brocht, weil i jo fahra muß, hod se gsagt. – I moin, i hedd gern nommol fenf Menuta gwartet.

Aber jetzt ben i hald ahnegfahra, ond d Elfriede hod ihr Schächtale mit dem Nochtisch aufgmacht. Ond weil se jo nie gnug griega ka, hod se voller Gier en dui hoißa Apfltasch naibissa.
I moin, do ist jo ned omsonst »hoiß« drauf gstanda! – Noe, mai Elfriede hod fast des halbe Stückle naigschoba ghed.
Jetzt hod ses Maul aufgsperrt, wie an Fisch auf em Trockena. No hod se gfaucht ond zischt, daß ma gmoint hod, a alta Dampflok hock neba oim. Em hoim hod se ned viel gschwätzt, weil se emmer ihr Zong rausghengt hod, wie an Hond, wenn ma ihm s Essa nahhebt.
Bloß so viel hod se rausbrocht, daß jetzt s letschde Mol gwesa wär, daß sui en soma Lokal war.
Mai lieaber Fraind, i ka des Weib vrstanda. I hann nämlich ao scho wieder Honger, ond deshalb gang i jetzt nonder zu mainer Elfriede. – Dui hockt vorem Kühlschrank ond schlotzt Eiswürfel!

Es grüßt Di ganz herzlich, Dai gerner drhoim essender Fraind

Eugen Emberle

Im Nobelrestaurant

Mai lieaber Fraind!

I hann mainer Elfriede scho lang vrsprocha ghed, daß mir zwoi amol so richtig guat Essa gangad. Woißt en so a vornehms Lokal, ond daß mir an dem Obend überhaupt ned aufs Geld guckad. Main lieber Scholli, des war a teuers Vrsprecha! Mir send natürlich en des Lokal naimarschiert, wie dr Fürst Pickler persönlich!
Jetzt ist s do drenna kuhanacht gwesa. No hend se ons an so a Zwoiertischle nahgsetzt ond a Kerz ahzonda, daß ma wenigstens auf dui Speisekart gseha hod.
Mai lieaber Fraind, nar wenn i no draußa scho auf diea Preis guckt hedd, no wär i do gar ned nai, aber jetzt wars scho z spät, weil d Elfriede scho ahfanga bstella hod ond i hann no ned amol diea Vorspeisa ganz durchglesa ghed.
No hod se oifach gsagt, daß ihr Mann s gleiche essa däd, wie sui.
Ond bevor i mai Elfriede hann en Senkel stella könna, weil se ons ao no an Nochtisch bstellt hod, send se scho selbst viert drher komma ond hend ons Sacha brocht.

Also des sei an Aperitif hend se gsagt ond hend en ma jeda a Glas Schampanjer, mit ma abghäuteta Oraschaschnitzle drenna, nahgstellt.
Ond drzua no a paar putzige kloine Walnußbrotscheibla, mit gsalzene Butterkügela.
Aha, hann i denkt, des wird recht lang ganga, bis des Essa kommt, ond no wellad se ons bei Laune halta. – Wahrscheinlich hend ses dr Elfriede ahgseha, daß se recht grätig wird, wenn se Honger leida muaß.
Ha nar, en Null komma nix hend mir des bißle Brot gessa ghed. – Wo no der Ober abgräumt hod, hannen i globt ond gsagt: »Siea, des ist fai nett gwesa von ihne. En de andere Wirtschafta ka ma solang d Gosch and Tischkante nahschlaga, bis s Essa kommt!«
Aber der hod bloß ganz säuerlich guckt! – No hann i dem en Gedanka scho 20 Pfennig Trinkgeld abzoga!
Jetzt hod der auf oimol en ma jeda an Teller nahgstellt. Do ist a Salatblättle draufglega ond auf dem ist a 5 Zentimeter breits ond 5 Millimeter dicks Scheible Wildleberpastet glega, ond dui war no halba aus Schelee!
No hann i aber sofort gsagt: »Sie, des hend mir fai ned bstellt, des nemmad se no wieder mit!« Woißt, i hann emmer an diea Preis denka müssa. Ja, hod er dann gsagt, des sei also ein Geschenk des Hauses. –

Ond no hend mirs natürlich gessa! Als nägstes hod der dann Salatteller brocht. Eichblattsalat ond ausgstochene Tomatakügela. D Elfriede hod sich auskennt. Ond no ist se schier nomgschnappt, weil diea sechseckige Teller ghed hend, ond onder jedem Teller ist a silberns Tablett gwesa, mit ma gstärkta Häkeldeckale drauf! A zeitlang hend mir no auf onser Essa gwardad, aber no hend mir hald den Salat so gessa.
Dann hod der endlich dui Flasch Wai brocht, am Tisch aufgmacht, mir an Spritzer drvo aigschenkt ond no ist der nahgstanda ond hod gwardad. No ben i aber ao narrad worda! – I hann dem dui Waiflasch aus dr Hand gnomma ond gsagt: »Also i schenk mir recht ai. Des ärmliche Zeugs von euch ka i fai ned braucha!«
Ja, hod er no gmoind, i soll den Wai probiera, ob er guat wär. – No hann i aber zu dem gsagt: »Sie, wenn der Wai bei dem Preis nix ist, no meld i mi scho bei ihne, do könnad se sich drauf vrlassa!«.
Glei drauf send zwoi Bedienunga komma, diea hend ons silberne Tablett, mit so große Käsglocka drüber, nahgstellt ond no hend ses gleichzeitig glupft. – Jetzt ben i richtig vrschrocka!
Do send drei ronde Floischstückla mit ohgfähr vier Zentimeter Durchmesser ond zwoi Zentimeter Höhe glega, a sechs Zentimeter langs gelbs Rüble

ond drei gleich lange, oval ausgstochane Zucchinistückla. Drneba ist a kloina brauna Lach gwesa, mit ra Borretschblüte drenna. – Wahrscheinlich hedd des d Soß sai solla, oder daß dui Blum ned vrwelkt? – Ond drneba send drei Kartöffala glega, so groß wie an Radiergummi.

No hann i zu mainer Elfriede nom gsagt: »Jetzt woiß i, worom diea onser Essa onder dene Käsglocka vrsteckt ghed hend. – Daß dene diea andere Leut ned drvo laufad, wenn se diea kleine Portsiona sehnad.

Zom Nochtisch hend se ons no drei oiförmiche Eisbolla brocht, mit farbigem Fruchtmark außarom, ond drzu a Tellerle mit Minigutzla.

Mai lieaber Fraind, woißt, des Essa ist scho guat gwesa, aber hald wenig. – Ond auf dr oina Seit ben i ao froh gwesa, weil mirs schlecht worda ist, wo se mir dui Rechnung brocht hend. 240 Mark hend diea do drfür vrlangt! – Jetzt send mir seit zwoi Stond drhoim, aber mir knurrt scho wieder dr Maga!

Es grüßt Di ganz herzlich, Dai bürgerliche Kost bevorzugender Fraind

Eugen Emberle

Die Schulfreundin

Mai lieaber Fraind!

Manchmol denk i, daß des ned normal ist, was bei ons emmer passiert! – Stell Dir vor, mai Elfriede hod am Freitagobend von ra Schualfreundin aus Norddeutschland an Ahruf griegt, daß se am Samstagmittag bei ons aitreffa däd, wega dem Klassatreffa, wo dann obends en dr Harmonie stattfendad. Se komm bis am Viere zom Kaffee ond ob se ned bei ons übernachta könn.
Jetzt ist s also am Samstagmorga en äller Früha losganga. I hann müssa d Vorheng rondermacha, d Elfriede hod se gwäscha ond no hann i s wieder naufmacha dürfa.
Dr Andreas ond i send dann zom Möbelrücka ahgstellt worda, weil d Elfriede no d Wohnung putzt hod. Da Markusle hod se ens Aikaufa gschickt, daß er Sach zom backa brengt. Dr Andreas hod mit soma Staubwedel älle Spinnawetta von dr Zemmerdecke hola müssa ond i hann von onserer Befehlszentrale da Auftrag griegt, mit dem Staubsauger durch d Wohnung zom sauga, während mai Elfriede ahfanga backa hod.

Drzwischanai hod se sich d Hoor gwäscha ond Lockawickler naidreht, ond no hod se mi end Gärtnerei gschickt, daß ma aufem Tisch a paar Blümla standa hedd. – Jetzt hod se also schier an Schreikrampf griegt, weil maine Bluma ned zu ihre Servietta paßt hend, ond zu de andere Servietta, wo maine Bluma paßt hend, do hod se koine passende Kerza drzua ghed.

Mai lieaber Fraind, woißt mir ist des jo ned so wichtig – d Hauptsach ist doch des, was auf de Teller ist. Aber do ist mai Elfriede hald komisch. – Vielleicht kommt des doher, daß sui bei de andere ao sagt, wenn ebbas ned stemmt, ond des vrpflichtet natürlich saumäßig!

Auf jeden Fall hann i abglehnt an Schild zom schreiba ‚Herzlich willkommen'. Dodrfür hann i aber no en dr Küche diea Teigschüssla ausgschleckt, wenn se grad ned do war.

Dr Andreas hod sai Mitarbeit aufkündigt, wo ihn mai Elfriede aus saim Zemmer ausquartiert hod, daß sui des Bett für ihr Schualere hod richta könna. – Er well ned, daß do a Fremda en saim Nest lieg, hod er romgschriea ond außerdem sei er beim Kaffeetrenka ned drbei, er gang lieaber ens Kino!

Wo no d Elfriede fertich war mit schreia, ist dr Andreas mit hängende Ohra ond saim Sonntagsahzug überm Arm em Zemmer vom Markusle vrschwon-

da ond hod sich brav omzoga. – Ja, mai Elfriede woißt was saga ond was vrbieta, so daß weh duad! Dr Markus ond i hend ons bereits vor dr Befehlsausgabe ens Badezemmer zrückzoga ond grichtet. Ond oimol hann i beim zehputza schier mai Zahbürst vrschluckt, vor lacha, weil dr Markusle d Elfriede ausgmacht hod, wie se auf ihr Schualfreundin zuschwebt ond se en Arm nai nemmt.
I hann grad da Part von dr Freundin übernemma wella, no hod d Elfriede ihren Riebel zor Tür rai-

ghoba ond hod ons ahguckt, mit ma Blick, do hedd a Elektrizitätswerk an halba Tag drmit schaffa könna!
Punkt Viere send mir älle gschniegelt ond bügelt em Wohnzemmer gstanda ond hend auf dui Schualere gwartet.
D Sahne war gschlaga, dr Kaffee em Filter, an Marmorkucha mit Schokladglasur alá Eugen Emberle ond a Frischkästort mit gfrorene Himbeer ond ma marmorierta Tortaguß auf em Tisch.
D Kerza hend brennt, obwohl i vrsucht hann zom aiwenda, daß ma des von Norddeutschland vielleicht doch ned so auf Viere vrrota ka.
Auf onserm Plattaspieler ist a Langspielplatte glega, mit ma Klavierkonzert, wo mir amol bei sora Tombola gwonna hend.
I hann wohl gsagt, daß mir vielleicht ao nahsitza könndad, aber wahrscheinlich hod se Angst ghed, daß ihr Kloid voll vrreißt, weils scho em standa gspannt hod, daß sich kois mehr en ihr Nähe traut hod.
Am Fenfe hann i ganz zaghaft da Vorschlag gmacht, daß mir doch amol ahfanga könndad, weils zom Mittagessa bloß a Nudelsupp geba hod, aus zeitlichen Gründen! – Aber do heddest se höra solla.
Am Sechse rom hod no s Telefo gschellt. – D El-

friede hod koi Kraft mehr ghed zom nahganga, also ben i abgordnet worda.
Dodrfür hod se mi nochher ao ahguckt, wie wenn se sich scheida lassa wedd, wo i ihra ausgrichdad hann, was mir ihr Schualere grad gsagt hod. Se sei später wegkomma ond fahr glei end Harmonie, mir heddad ons doch hoffentlich koine Omständ gmacht. Ond bevor se aufglegt hod, en ihrem Telefonhäusle an dr Autobah hod se no vrkündad, daß se jetzt doch bei ebber anders übernachta däd, diea heddad a größera Wohnung ond ao a Hallabad!
Mai lieaber Fraind, no ben i ao froh gwesa, daß i an dem Obend hann ned zu dr Elfriede ihrem Klassatreffa nahmüssa, weil sui en dr Wut drhoim blieba ist.
Dui Tort ond den Marmorkucha hend mir je zur Hälfte gessa ond da Rest aigfrora. – Bloß mai Elfriede hod mir leid doa, weil ihra beim essa emmer Träna ens Maul naiglaufa send.

Es grüßt Di ganz herzlich, Dai ned ganz ohzfriedener Fraind

Eugen Emberle

Im Autokino

Mai lieaber Fraind!

Es ist eigentlich a Wonder, daß mir wieder gsond hoim komma send! – Mir warad auf Bsuch bei dr Dande Gabi ond beim Onkel Reinhold, des send hin ond zrück fast 500 Kilometer!
Jetzt send mir em nauffahra an so ma Autokino vorbei komma ond natürlich hend onsere Jonge doa wie de Narrade, daß ma am Obend, wenn ma zrück fährt, no do an Film ahguckt!
Ond mai Elfriede hod feste mitdoa, weil se jo ao no nie en soma Deng gwesa ist.
Jetzt hod ma natürlich bei dr Gabi ond beim Reinhold a Pressiererei ghed, daß mir des richtig peinlich war. – Ned amol mehr für da Nochtisch hod ma Zeit ghed. – Ond des will bei dr Elfriede jo schlieaßlich ebbas hoißa! – Zom Essa hod dui nämlich emmer Zeit.
Also ben i losgrast, zu dem Autokino, ond selbstvrständlich send mir ao viel zu bald do gwesa.
Jetzt hod des glei amol für jeden von ons zehn Mark Aitritt kostet. Ond wo i mir no an Parkplatz gsucht hann, send mir schier seekrank worda! – Ma hod

do müssa über so Huppla nomfahra, ond i hann ao no ziemlich weit vorna nahstanda müssa, weil mai Elfriede doch ned so guat sieht. Aber Brill zieht ma natürlich koina auf, des könnt jo ihr Pfirsichgsichtle vrunstalta!

Ond des mit dene Huppla war so: Do standad diea Auto schräg auf so ra kleina Rampe, daß ma ao naussieht, wenn ma en de Sitz liegt.

Jetzt hann i also an Parkplatz gfonda, wo d Zustimmung von älle griegt hod, bloß ist do koin Heizlüfter gwesa. Dann ben i a Stückle weiter vor gfahra, do hend aber d Lautsprecher ned doa ond beim nägsta war dr Heizlüfter hee!

Kurz vor Filmbeginn hend mir ons no irgendwo aignistet ghed ond send erwartungsvoll en onsere Sitz glega. – No send diea Autoscheiba ahglaufa! Ond weil der Waga durch dui Rampe vorna höher war, als henda, ist mai Elfriede nemme aufkomma. – No hann hald i diea Scheiba putzt.

Ond glei nochdem auf dr Leinwand dr Erste vrschossa worda ist, hods mai Elfriede gfrora. Also ben i ausgstiega ond hann ihren Mantl ausem Kofferraum gholt. A Viertelstond später hod ses end Füß gfrora. Also ben i ausgstiega ond hann ihra a Decke ausem Kofferraum gholt. – Jetzt hend scho de erste ghupt! – Ond oiner hod sogar rausgschriea, aber i hanns ned vrstanda, weils en ma andera Dialekt war.

Kaum ben i wieder gsessa, hod maiElfriede Honger griegt. Heddest du dain Nochtisch gessa, hann i zu ihra gsagt, aber se hod so lang weitergmacht, bis maine Jonge ao voll mitdoa hend.
Na hann i mai Ruftaste em Lautsprecher drückt, no däd so a grüns Licht an dem Pfosta leuchta, hend se gsagt, ond der Essensservis käm no ans Auto.
Bloß hod onser Licht ned doa. – Also wars klar, daß i aussteig ond für de ganz Mannschaft Vrpflegung hol.
Ond weil der Geheimagent grad mit dr Chefin von de andere en so a französisch Doppelbett grabbelt ist, hann i beim Laufa emmer zrückguckt, auf dui Leinwand.
Mai lieaber Fraind, jetzt hods mi auf so an Lautsprecherpfosta naufghaua, daß i gmoint hann, i sei gega a Stroßabah glaufa.
Mai Elfriede hedd jetzt wieder gsagt: Siehst, des kommt drvo! – Aber i hanns ihra ned vrzehlt. Wo i no mit Bierdosa, Cola ond hoiße Würstla wieder zrückkomma ben, hend se gmotzt, daß diea Würstla jo fast kalt seiad! – Drfür hann i mi no ao nemme vrregt, wo diea Scheiba wieder ahglaufa send!
Ond wo i no mai Bier tronka ghed hann, ben i aigschlofa ond dann hend se mi zwoimol gweckt, weil i scheints gschnarcht hann. – Oh heddad se mi doch aber ao schlofa lassa!

Wo mir nämlich am Elfe rom endlich losgfahra send, ben i müd gwesa, wie an Hond. – Hedd i bloß des Bier ned tronka!
Über 200 Kilometer hann i no fahra müssa, hondsrackermüd ond no a Bier em Leib.
I hann ällas probiert, daß i wach bleiba soll. S Fenster auf, s Gebläse ah ond s Radio lauter. Aber jedesmol ist mai Elfriede dra aufgwacht, hod romgoschad, daß sui no ned schlofa könn ond hod mirs wieder abgschaltet.
Zletschda ben i an jedem Autobahparkplatz raus, hann Kniebeuga gmacht ond ben a paarmol oms Auto romgsaut, daß i wieder zu mir komma soll! Bis auf oimol mai Andreas do dra aufgwacht ist ond gmerkt hod, was los war.
Ond jetzt, mai lieaber Fraind, kommt ebbas, was mi saumäßig gfreut hod. – Mai Großer ist wach blieba, hod sich emmer leise mit mir onderhalta ond ab ond zua hod er mir d Schläfa massiert. – Hann i ned an lieaba Buaba?

Es grüßt Di ganz herzlich, Dai stolzer Fraind

Eugen Emberle

Diskothekenbesuch

Mai lieaber Fraind!

Onser Andreas hod seit einiger Zeit a neua ‚Flamme'. Ihr Vatter hod a groβa Diskothek, mit irgend so ma englischa Nama. Ond jetzt ist mai Groβer also heut morga von dr Schual hoimkomma ond hod vrkündad, daβ ons der Diskothekabesitzer kennalerna will. – Also mai Elfriede ond mi!
I ben jo ned so begeistert gwesa, aber d Elfriede hod glei ihr langs Obendkloid ahprobiert, obs no paβt. – Natürlich hods nemme paβt, weil des Kloid scho z eng war, wo suis kauft hod!
Ond onser Andreas hod schier an Schreikrampf griegt, daβ ma mit ma langa Obendkloid ned en dui Diskothek nai könnt!
Also hod mai Elfriede hald wieder a neus kauft. Woiβt, so a dezents Muster, wie a Feuerwerk an Silvester! – Ond no ist se zom Frisör – als obs des no rausgrissa hedd!
I hann hald main oina Ahzug ahzoga, wo i emmer ahhann ond no send mir losgfahra.
Dr Andreas ist ao drbei gwesa, aber s war ihm gar ned wohl en sainer Haut, des hod ma scho gmerkt. –

Vielleicht hod er sich ao scheniert wega ons? – I wär ao gerner drhoim blieba, des derfst Du mir glauba!
Vom Parkplatz zom Aigang nom ist a bißle an Wend ganga, ond hod dr Elfriede ihre Hoor durchanander gwedlad. – Ja do hods ällas braucht, daß mir ned hend nommol hoim müssa, zom kämma!
Jetzt ist do gschlossa gwesa. Mir wars glei recht, aber dr Andreas hod klingelt ond no ist en dr Tür so a kleis Fensterle aufganga ond do hod oiner rausguckt. Er hod da Andreas glei kennt ond no hend mir nai dürfa.
Em vorbeilaufa hör i, wie der da Andreas leise gfrogt hod: »Send des daine Gruftis?«, aber i ben dann nemme drzu komma, zom froga, was des ist.
Jetzt wars do kuhanacht en dem Lokal!
A paar Lichter hend brennt, aber diea send emmer aus ond ah ganga. – Aha, hann i denkt, do kas mit em Geld ao ned weit her sai, wenn ma nedamol gscheite Glühbirna kaufa ka!
Bloß am Strom hend se ned gspart, des muß i zugebba. Dui Musik ist nämlich so laut gwesa – i hann müssa mai Elfriede so ahschreia, daß ma gmoint hod, mir hedde Händel, sonst hedd sui mi ned vrstanda!
Ond wie mir no so romgstanda send ond omananderguckt hend, send zwoi jonge Mädla an ons vor-

bei glaufa ond no hod de oi gsagt: »Was wellad denn diea zwoi Kalkleista do?« Ond no hod de ander gmoint: »Was woiß i, vielleicht brennt s Altersheim?«
I ben grad am überlega gwesa, ob i dene oina bacha soll, no hend diea no gschwend main Andreas abknutscht ond send weiterglaufa, wie wenn nix gwesa wär.
Ond wo i dann zu maim Buaba gsagt hann, daß so ebbas früher ned geba hedd, hod der mi ahgschriea: »Komm hör doch auf mit daim ätzenda Nachkriegsgesülze. Du bist doch gar nemme in! Weil du bloß no vor dainer Idiotalatern hockst, wie so a Dumpfbacke ond vor lauter Kabelprogramm nemme woißt, welchen hirnrissiga Schnulzafilm de zerst ahgucka sollst. Ond no wirst du zu ra Mumie, bevor du no richtig glebt host!«
Mai lieaber Fraind, Du woißt, daß i einer sachlicha Kritik emmer aufgschlossa ben! – Aber do ben i dann gschwend über mi selber vrschrocka!
I hann grad en Erwägung zoga, daß i wenigstens main Andreas a bißle demoliera könnt, no ist der Diskothekabesitzer mit ausbreitete Ärm auf ons zu glaufa. – Du, der hod an Diamantohrstecker en saim linka Ohrlappa ghed. Ond sai Hemd ist offa gwesa, bis an da Gürtel nonder.
Des hod ausgseha, wie wenn an ra Seegrasmatratz s Futter raushangt.

Jetzt hod der mainer Elfriede d Hand küßt! Ond no hod er mi en Arm naignomma!

Aber der hod so noch Parfüm gstonka, daß i den glei wieder loslassa hann.

Jetzt mai Elfriede war begeistert von dem. – Wega ma Handkuß. – Weiber!

Aber drfür hod er se nochher ao abgfüllt.

I hann hald oi Fläschle Bier tronka, ond mai Elfriede hod emmer so Cola mit Schuß ghed.

Ond do muaß se oiner von dene letschte Schüss troffa hann, weil se mi auf oimol mit ganz glasige Auga ahguckt hod. – Dui hods aber ao em Ohvrstand nondergleert! – Bloß weils nix kostet hod ond weils süaß war ond bäbbich. Ond des mag se hald! – Von nix kommt nix!

Ond jetzt ist se em Bett, weil se Kopfweh hod. Angeblich von dera lauta Musik! – Aber i hann nix gsagt zu ihra. Des langt, wenn dir d Kender sagad, wo du dra bist!

Mai lieaber Fraind, zu Dir derf i des jo saga: i möcht trotz ällem ned mit onserer heutiga Jugend tauscha!

Es grüßt Di ganz herzlich, Dai altbackener Fraind

Eugen Emberle

Die Geburtstagstorte

Mai lieaber Fraind!

Wenn s mir ned so schlecht wär, no däd i grad senga: »So ein Tag, so wunderschön wie heute . . .!«
Woißt, i hann doch heut em Gschäft Jubiläum ghed. Mai Elfriede hod extra für maine Kolleginna ond Kollega an Kucha backa, noch ma neua Rezept! Kampanische Reistorte hod des Deng ghoißa. Jetzt wo i des no en mainer Abteilung ahgschnitta hann, ist mir scho so an komischer Gschmack d Nas nauf. Zitronat, Oraschad ond no a paar ausländische Gwürz send do drenn gwesa.
I hann glei vom ersta Stückle probiert, ob ma des überhaupt essa ka, ond, was soll i Dir saga, i hann des oine Gäbele voll schier ned nonder brocht!
Trocka, wie an Hundekucha ond so hod se ao gschmeckt. A paar von maine Kollega send no vorsichtig her komma ond hend dra gschmeckt, aber dann hend se älle s Gsicht vrzoga ond send wieder ganga. Jetzt ben i hald dapfert en de nägst Konditorei gsaut ond hann an ganza Käskucha kauft ond den hend se no ratzeputz gessa!
Also i hann no, daß es de andere jo langa soll, zwoi

Stückla von dera Reistort mit Todesvrachtung nondergwürgt, weil i jo ao ned gwißt hann, was i mit dem kampanischa Überrest macha soll. Aber no hann i müssa am Zehne zom Chef komma. Do hods an Sektempfang geba, mir zu Ehra!

Heidawetter nommol, do hend se sich aber ahgstrengt! An riesiger Gschenkkorb ist do gstanda, an Blumastrauß hann i griegt ond a Ehraurkunde. Für unermüdliche Tätigkeit und Pflichttreue ist drauf gstanda.

Ond no hod dr Chef a Ahsproch ghalta. Daß ich eine wesentliche Stütze sei ond ao maßgeblich mitgwirkt hedd, am Aufbau von dr Firma. Ond also überhaupt sei i jo rondrom schwer en Ordnung! I hann mi scho gschwend beherrscha müssa, daß mir ned Träna komma send, wo i ghört hann, wie guat i eigentlich ben.

S ist bloß schad gwesa, daß d Elfriede ond maine zwoi Buaba ned drbei gwesa send. – Diea moinad nämlich emmer, i sei s Hugole von dr Firma! No hend mir also den Sekt voll tronka mitnander, ond dann hod dr Chef gsagt, i dürf heut nochmittag drhoim bleiba, zom Jubiläumskaffee.

I hann no schnell dr Elfriede ahgrufa, ond gsagt, daß i zom Kaffee hoimkomm. – Jetzt hod se mi gfrogt, wie ao dui Reistort ahkomma sei!

Mai lieaber Fraind, en dem Moment hod mir mai

Elfriede so leid doa, daß i s ned übers Herz brocht hann, ihra zom saga, daß älle d Nas naufzoga hend. – I hann no gsagt, i hedd sogar no an Käskucha hola müssa, so seied diea do drauf naigfahra.
Ond jetzt hend maine Problem ahgfanga! – Was mach i mit dera Tort? – Hoimbrenga hann i se jetzt nemme könna ond von maine Kollega hod se ao niemand mitnemma wella.
Jetzt hann i hald en mainer Vrzweiflung nommol so a Stückle nondergschlonga, wie a Schlang an Hasa, ond dr große Rest hann i en dui Kuchaschachtel naidoa, wo vorher dr Käskucha drenna war.
Em hoimfahra war i bei drei vrschiedene Leut ond hann gfrogt, ob ses ned ihrem Hond, de Henna oder de Säu vrfuttera wellad, aber diea hend älle bloß abgwonka.
No ben i eigentlich so richtig froh gwesa, daß mi s bei dera Schweinemästerei en a Güllalach naighaua hod ond dui Reistort aufem Boda romgfahra ist. No hann i wenigstens koi schlechts Gwissa ghed, wo i se voll fortgschmissa hann.
I hann allerdings a Weile braucht, bis i mainer Elfriede erklärt ghed hann, wieso i Güllaflecka an maim guta Ahzug hann.
Do sieht ma hald wieder, daß oi Lüge de ander noch sich zieht!

*Jetzt ben i drhoim en äller Gmütsruha en mai Badwann naiglega ond hann guckt, daß i den Landluftduft loswerd.
Drweilst hod mai Elfriede mit em Markus ond em Andreas zemma main Gschenkkorb ausplündert. Bis i ahzoga gwesa ben, hend se mir bloß no oi klois Scheible von dem frischa Seelachs übrich lassa. Ond dui Trüffelleberpastet hod Elfriede eigahändich ahbrocha ond so lang probiert, bis se weg war, dui Pastet. – D Elfriede ist no do gwesa! – Se hod ausgiebig ihre Fenger abgschleckt ond hod gsagt, daß es sowieso besser sei, wenn i jetzt nix essa däd, se hedd nämlich a Überraschung für mi. – Weils doch mir sicherlich em Gschäft zo koiner Reistort mehr glangt hedd, bei dem groß̈a Ahdrang, deshalb hedd se mir extra nommol so oina backa!
Mai lieaber Fraind, kannst Du jetzt vrstanda, worom mir s schlecht ist? – Ond wenn i ned so furchtbar Kopfweh hedd, von dem Sekt heut morga, no däd i mir jetzt sicherlich an Balla nahsaufa!*

Es grüßt Di ganz herzlich, Dai Jubilar ond Fraind

Eugen Emberle

Die Holzwürmer kommen

Mai lieaber Fraind!

Also was für Leut auf onserer Welt romdappad, – ma sodds ned für möglich halta!
Mir hend em Urlaub amol so a Holzschnitzerwerkstatt besichtigt, ond send mit dera Familie ganz nett ens Gspräch komma.
Natürlich hend se gfrogt, wo mir her kommad. Ond natürlich hend mir gsagt, wenn ihr amol en onser Gegend kommet, dann müssad ihr ons bsucha, aber mir hend doch ned ahna könna, daß des so ausgoht! Hod doch bei mir vor vier Tag, am Montag, s Telefo gschellt. No ist der Schnitzer dra gwesa ond hod gsagt, er sei grad auf dr Durchreise ond ob se gschwend vorbei komma dürfad. – Ha i hann mi ehrlich gfreut ond hann gsagt: »Kommad no!«
Jetzt send diea also obends am Fenfe drherkomma, er, sui ond ihre drei Kender!
Mai Elfriede hod schnell a paar kalte Platta grichtet ond no hend mir ausgiebig mitnander gvespert. Ond s war ällas schee ond gmütlich. Bloß, wos no Elfe worda ist, hann i doch langsam maine Bedenka griegt.

I hann dann vorsichtig gfrogt, ob i ihne no en ma Hotel Zemmer bsorga soll, aber des hend diea ganz entrüstet abglehnt – i soll mir koi so a Müha macha, sie liege do auf da Boda nah!
Jetzt was doa? – Mir hend se natürlich ned auf da Boda liega lassa ond hend onser Schlofzemmer gräumt, für diea alte Holzschnitzer, ond dr Markusle ond dr Andreas hend en ihrem Zelt vorem Haus gschlofa, daß diea jonge Holzwürmla en de Betta hend schlofa könna.
I hann no schnell main Personalchef rausklingelt ond für da nägsta Tag Urlaub gnomma.

Ond no send mir also da ganza Dienstag mit dera Holzschnitzersfamilie romgreist ond hend sämtliche Burga ond Höhla en dr Umgebung besichtigt. Mai lieaber Fraind, Du mußt Dir vorstella, diea hend sich s ganze Essa zahla lassa, wenn mir irgendwo aikehrt hend, genauso älla Aitritt, ond denne Jonge jeda Menge Eis, Erdnüß ond Schoklad! Der Obend ist näher komma ond diea hend no koin Schnaufer doa, daß se jetzt wieder weiter wellad! No hann i schnell main Personalchef ahgrufa ond vorsichtshalber nommol zwoi Tag reserviera lassa. Ond was soll i Dir saga: Die hend doa, wie wenn se scho emmer bei ons en dr Familie glebt heddad. Mai lieaber Fraind, i woiß ned, ob Du des ermessa kannst, was des hoißt, wenn de dr ganz Tag fremde Leut em oigena Haus om di rom host?
Em Bad send se Schlange gstanda ond vorem Klo genau so!
Hender jeder Zemmertür wo ma aufgmacht hod, ist a Holzschnitzersfamiliamitglied gsessa ond hod de ahguckt, wie wenn de grad bei ihne aibrecha dädschd!
Ond dene ihre Jonge hend omtrieba, des heddad de maine ned amol gmacht, wenn se alloi em Wald gwesa wärad.
Oh, mai Markusle ond dr Andreas hend vielleicht gnuag ghed – des ka i Dir gar ned vrzehla! Se hend

hald wieder en ihre Betta schlofa wella. Aber was heddad mir denn dann saga wella? – Mai Elfriede hod ons zwoi Matratza zemmagschoba ond do send mir nahglega!

I hann ällamol morgens mai Elfriede schier nemme aufbrocht, so hend dera d Knocha weh doa.

D Elfriede hod no emmer an mir romghetzt, i solls doch endlich nausschmeißa, ond ao maine Jonge hend sich mit dem Gedanka traga, daß se dui ganza Sippe nochananader en dr Badwann ertränkad.

No ben i also am Donnerstag brutal worda!

I hann nochem Nachtessa vrkündet, daß i jetzt koin Urlaub mehr griegt hedd, ond daß i also am Freitagmorga ens Gschäft müss.

Jetzt hod doch dr Vatter Holzwurm gsagt, daß i mir koine Gedanka macha soll, des wär ned so schlemm, sie dädad sich ao scho alloi do en onserm Haus zrecht fenda.

I hann für an Augablick Angst ghed, daß sich mai Familie auf diea stürzt ond se mit de bloße Händ erwürgt.

Doch no hod auf oimol mai Elfriede an geniala Aifall ghed. Se hod gsagt, des sei jo prima, mir griege morga sowieso d Handwerker, no könna se do glei mithelfa.

Des hod aigschlaga wie a Bomb!

Onser Markusle hod zwor no gfrogt, was denn do

für Handwerker morga komme, aber dr Andreas hod ihn zom Schweiga brocht.
Dr Chef-Holzwurm hod gsagt, sie müsse morga jetzt doch weiterfahra, ond hod glei von ons aus die nägste Gastgeber ahgrufa, se seiad grad auf dr Durchreise ond möchtet hald bloß gschwend vorbei gucka.
Ond jetzt kommt no dr dickste Hond: De ganz Holzwurmfamilie ist ausgschwärmt nonder an ihr Auto ond no hend se Kista voll Schnitzereia en onserer Wohnstub aufbaut wie en ma Ladagschäft ond hend ons jedes Stückle mit Preis vorgstellt. Wo mir dann koin Zug doa hend, hod Holzwürmin dezent durchblicka lassa, daß ihre vorherige Gastgeber glei vier Arbeita ihrem Mann abkauft heddad. Aber des Brett hend se bei ons ned durchgriegt! Diea hend mi scho gnug Geld kostet ghed. – Dene hedd i ned amol oi Stäuble Sägmehl mehr abkauft!
Mai lieaber Fraind, so hend mir no niea dui Ruha, onser Wiederbeianandersei ond onsere oigene vier Wänd genossa, wie noch dene ihrer Abreise!

Es grüßt Di ganz herzlich, Dai urlaubsreifer Fraind

Eugen Emberle

Die Grippewelle

Mai lieaber Fraind!

Wenn i Dir heut erst schreib, no hod des sain Grond! – Mai Elfriede ond i send nämlich krank gwesa. – Also mi hods zerst vrwischt!
Ahgfanga hods bei mir mit Halsweh, Schnupfa, Husta ond Gliederschmerza. Mir ist s kreuzelend gwesa, ond auf dr Haut hann i jeden Nerv oinzeln gspürt! Zom Glück hods am Freitag ahgfanga, no hann i mi wenigstens übers Wochaende ausruha könna. Wo i no mai Elfriede gfrogt hann, ob se mir ned an Kamilladampf macha däd, hod se gsagt, daß an ma Schnupfa no niemand gstorba sei, i soll ned so wehleidich sai ond am Montag könn i fai no ruhich wieder ens Gschäft ganga!
Woißt, i ben jo gwieß koin Markierer, aber mi hods schier en da Boda naidruckt, so ben i müd gwesa. Wenn i aufs Sofa glega ben, hod dort ausgrechnet mai Elfriede ihr Bügelwäsch nahlega müssa. – Ond wo i ens Bett glega ben, ist se komma, zom d Betta abziega, weil se sonst ihr Wäschmasche ned voll grieg, ond außerdem müssad diea Matratza gluftet werda.

No ben i em Andreas saim Zemmer aufs Bett glega, no ist se raikomma mit em Staubsauger. – Ob sui eigentlich dr Dackel von dr ganza Familie sei? I soll lieaber d Wohnung sauga, anstatt em Bett romliega, Bewegung däd mir guat!
Beim Sauga ist mir dr Schwoiß bloß no so von dr Stirn tropfelt. Ond wo i dann demonstrativ vor ihra da Schwoiß abtrocknad hann, hod se bloß gmoint, daß Schwitza gsond sei bei ra Erkältung! Erkältung? – I hann a Grippe ghed – ond zwor a richtiga!
Oimol hann i gfrora, wie an nasser Hond ond s andere Mol hann i wieder gschwitzt. – Aber diea acht Tag send ao rom ganga.
I ben natürlich ens Gschäft ond hald obends, wie s mai Zeit ond Elfriede zuaglassa hod, a bißle nahglega.
I hann nie was gsagt, wenn d Elfriede auf main ahgriffena Gsondheitszustand koi Rücksicht gnomma hod, ao ned, wo se romgoschad hod, daß i so viel Papiertaschetüchla brauch. – Ond diea hann i jo ao bloß gnomma, weil se scho gmotzt hod, daß sui nemme nochkomm mit wäscha ond bügla von maine Stofftaschetüchla.
Mai lieaber Fraind, i ben ganz gwieß ned arg schadafreudich, aber i hann doch denka müssa: es gibt a ausgleichenda Gerechtigkeit!

Do ben i nämlich überraschend nochmittags gschwend hoimkomma, zom ebbas fürs Gschäft hola, hockt mai Elfriede über a Wäschschüssel mit dampfendem Kamillatee ond hod ihren Riebel onder ma Handtuch!
Se ist richtig zemmagfahra, wo i onder dr Tür gstanda ben. – Ond obwohl i no koi Wörtle gsagt ghed hann, ist se mir glei übers Maul gfahra, daß i sui ahgsteckt hedd, ond i sei schuldich an ihrem Gsondheitszuastand!
Mit äller Müha hann i mir s Lacha vrbeißa müssa. »Oh«, hann i gsagt, »an so ma bißle Schnupfa ist no niemand gstorba!«, ond no ben i wieder ganga! Vielleicht hedd i ao des ned saga solla? – I woiß ned. – Auf jeden Fall ben i obends hoimkomma ond no ist koi Nachtessa grichtet gwesa.
Mai Elfriede war em Bett, ond maine Jonge hend sich a Pizza gholt ghed. – An des, daß i vielleicht ao Honger hann könnt, hod niemand denkt! I hann mir no an schöna Kräuterkäs ahgmacht ond maine Jonge hend onder Protest s Zemmer vrlassa. Ond no hann i en onserm Schlofzemmer an Krankabsuch gmacht.
Überal send zemmaknüllte Papiertaschetücher romglega, etwa 27 vrschiedene Arzneifläschla ond Pilla send auf em Nachttischle gstanda, a Wolk

von Pfefferminzöl ist em Raum ghangt ond no ist se doglega, wie kurz vorem aisarga!
20 Meter Schaal om da Hals gwickelt, etwa 15 Westa, Pullover ond Nachthemda ond maine warme Bettschuha ah.
I hann gfrogt, ob i ihra ebbas zom essa macha soll, aber se hod bloß mit ra ganz schwacha Handbewegung abgwonka.
Ond wo se no ihre Ahordnunga ghaucht hod, was i jetzt ällas zom erlediga hedd, hann i mit maim Ohr ganz dicht an ihr Maul nah müssa, weil i se sonst ned vrstanda hedd!
Ond so ist des über a Woch ganga. – I hann aikauft, kocht, putzt ond gsaugt, ond mai Elfriede hod auf ihr Bett aufpaßt, daß es ned drvo lauft.
Auf oimol ist mir aufgfalla, daß emmer mehr Sach gfehlt hod, em Kühlschrank! – No hann i a kleis Schildle gschrieba: An guta Appetit! ond hann des em Kühlschrank an dui Wurstdos nah gloint.
Am nägsta Tag ist mai Elfriede wieder auf gwesa!

Es grüßt Di ganz herzlich, Dai kerngsonder Fraind

Eugen Emberle

Der Trauzeuge

Mai lieaber Fraind!

Wenn i drei Tag lang en dr Wilhelma vor a Affakäfig nahgsessa wär, hedd i weiter drvo ghed, als von dem, was i jetzt wieder hender mir hann! Ahgfanga hods dodrmit, daß i guatmütiger Sempel mainer Elfriede an wunderschöna Blumastrauß mitbrocht hann.
Mai Elfriede hod mi dann ganz vrwondert gfrogt, was i denn für an Grund hedd. – Ond jetzt hann i dommerweise gsagt, des sei mir hald so en da Senn komma. – Ond des hod se mir ned glaubt! Es hod jo ao ned gstemmt ghed! – Dr Herr Pfarrer hod morgens em geistlicha Wort em Radio gsagt ghed, mir sollad doch onsere Fraua amol wieder an Blumastrauß mitbrenga. – Ond des hann i hald ned saga möchta, daß i guat do stand! Aber jetzt ist dui Sach ghörig schiefglaufa. Zerst war mai Elfriede narrad, weil se gmoind hod, i hedd a schlechts Gwissa, weil i em Gschäft mit oinra a Vrhältnis hann.
Ond no ben i narrad gwesa, weil sui des vrmutet hod!

Jetzt hod sui no ahgfanga zom schmoichla! – Ond wo i no emmer no narrad war, hod sui wieder ahgfanga, Zeter ond Mordio – i mög sui nemme ond i hedd a andera!
Oh Gott! – Jetzt hann i natürlich schnell nochgeba ond hann gsagt, daß mir jetzt wieder guat send mitnander!
Des war am Donnerstag!
Am Freitag war standesamtlicha Trauung von dr Elfriede ihrer Patatochter.
Freilich send mir rechtzeitig aus em Haus, ond mir warad sogar no vor dem Brautpaar do, aber des Standesamt ist em 1. Stock glega, ond do hedd ma d Stieag nauf laufa müssa!
I hann zor Elfriede gsagt: »Mir laufad!«, aber mai Elfriede hod gsagt: »Ond i fahr mit dem Aufzug!«
Also ben i dui Trepp nauf ond hann droba auf main Haushaltsvorstand gwartet.
Aber mai Elfriede ond dr Aufzug send ned komma!
Also ben i wieder nonder glaufa ond hann guckt, wo mai Elfriede wieder na ist.
Jetzt hann i no aber mit dr Zeit mitgriegt, daß mai Elfriede mitsamt ihrem Aufzug zwischem Erdgeschoß ond em 1. Stock festhängt.
Der Aufzug war zwor auf vier Persona ausgrichtet, ond mai Elfriede war alloi, aber so ebbas wie mai Elfriede hod der Aufzug wahrscheinlich no niea en

da 1. Stock naufzoga, ond deshalb hod der hald sain Geist aufgeba.
Also i hann den Aufzug jo a bißle vrstanda könna, aber mai Elfriede natürlich ao, wo se no ahfanga grilla, schreia, bockla ond heula hod, – trotz ällam, was hedd i macha solla?
I hann dapfert da Hausmeister gholt ond der hod sofort da Kundadienst ahgrufa – aber bis diea do warad, ist dr Elfriede ihr Patatochter vrheiratet gwesa – ond i hann dene jonge Leut no hald da Trauzeuga gmacht.
Des hod mir mai Elfriede bis heut no ned vrzieha! Dui hod doch glatt behauptet, wo se wieder en Freiheit war, i hedd do an irgend oim Hebel dreht, daß jo sui ned dui Trauzeugin macha dürf!
Des hod ao koin Wert ghed, daß dr Hausmeister ond der Aufzugsmechaniker mainer Elfriede an Eides Statt erklärt hod, daß i wirklich nix drfür könn. Wenn sich mai Elfriede amol ebbas en ihren eigasennicha Kopf gsetzt hod, no bleibts ao drenn! Beim Essa em engsta Familiakreis hod se mi no keines Blickes mehr für würdig befunda, ond hod sich also bloß no mit dr Braut onderhalta.
Mai lieaber Fraind, mir wars eigentlich recht, weil i, noch maim 27. Referat über die Anfälligkeit von Aufzügen wirklich nemme gwißt hedd, was i schwätza soll!

Noch ra sehr lautlosa Nacht ist also dr Samstag über mi ond mai Elfriede raibrocha.
Se hod sich extra für dui kirchlicha Trauung a neus Kloid kauft ghed, mit tiefem Dekolltee – ma hods jo – ond neuer Perlakette (Süßwasserperla – vierfach gschlunga!) – i hanns jo! Beim Frisör war se ao no, ond no send mir schweigend mitnander end Kirch gfahra.
Ond do hods no da nägsta Schlag doa!
D Brautmutter hods gleiche Kloid ahghed, wie mai Elfriede! – I moin, se hend jo ao ähnliche Figura ghed!
Mai Elfriede hod so gheult, daß älle gmoind hend, des sei ihr Kend, wo se do jetzt hergeba muaß. Zom Glück war i an dem Kloid ned ao no Schuld! Sonst hedd i ahne laufa könna, glei no em Sonntagsahzug, den wo i emmer ahhann zu solche Ahläß, wie Hochzeita, Beerdigunga ond so.
Jetzt hoff i hald, daß des jonge Brautpaar dui Sach ned so richtig mitgriegt hod. – Aber i hann fai nix mehr ghed von dera Hochzeit!
Mai lieaber Fraind, jetzt gang i wieder nonder zu mainer Elfriede ond helf ihra beim Hochzeitskuchaessa! – Vielleicht vrzeiht se mir nommol?

Es grüßt Di ganz herzlich, Dai hongricher Fraind

Eugen Emberle

Eine Fundsache

Mai lieaber Fraind!

Gestern obend ben i von onserm Johrgangsausflug zrückkomma. – Ist des ein Theater gwesa!
Do hann i am eigena Leib erlebt, wie des ist, wenn ebber unschuldig en a Sach naizoga wird! Ahgfanga hods, daß d Elfriede ned mitkönna hod, weil onser Markusle Fieber griegt hod, ond den hod ma jo schlieaßlich ned alloi lassa könna. Also ben i hald solo mit. Mir hend jo des Hotelzemmer scho em voraus zahlt ghed, ond außerdem ist s jo ao mai Johrgang gwesa.
Ach, s war a wunderschöns Wochaende, s Wetter hod mitdoa, s Essa war guat ond s Hotel ist ao en Ordnung gwesa – bis auf ebbas entscheidends! I hann jo für mi alloi a Doppelzemmer ghed, ond wie i morgens beim packa main Koffer vom Schrank ronderzieg, fällt mir so a Fotoheftle auf da Kopf! – I ben gschwend vrschrocka ond no hann i des Heftle ahguckt. Jetzt warad do lauter wüste Bilder drenn – so ebbas hann i no niea gseha!
Also i ben jo bestimmt ned heikel, aber des . . . Ond außerdem hods no 19 Mark 80 kostet ghed! No

hann i des en maim Zorn wieder naufgschmissa auf da Schrank, hann da Kopf gschüttelt ond mai Sach voll aipackt.

Auf oimol ist mir siedich hoiß aigfalla, daß i jo des Heftle gar ned do droba liega lassa ka! Wenn des oina vom Hotel fendet, beim putza. – I ka mi jo ned do drauf vrlassa, daß diea des nommol übersehad. – Was moinst, wenn mai Elfriede den Brief vom Hotel aufmacht ond do steht, . . . hat Ihr Mann bei uns vergessen! – Do derf i ned amol dra denka, was do passiert wär! Mai Elfriede hedd mir jo ao gar ned glaubt, wie des wirklich gwesa ist. – Also wars klar, daß i des Heftle vrschwenda lassa muaß.

Kurz ond guat, i hann des Deng onder main Kittel gschoba, ben en da Flur naus, zu dem Stehaschabecher mit Müllbehälter ond hann des do drenn vrschwenda lassa. – Grad wie i mi aufrichta will, klopft mir main Schualer Erich auf d Schulter ond sagt: »So Eugen, host an Abfall produziert!« – I muaß dogstanda sai, wie an kloiner Bua, wo ma beim Gutzlesklaua vrwischt hod.

No hann i so lang mit dem gschwätzt, bis der wieder en saim Zemmer vrschwonda ist. – Ond no hann i schnell des Heftle wieder rausgholt ond ben en mai Doppelzemmer gflüchtet. Vielleicht wär der auf den Gedanka komma, zom gucka, was i do hann vrschwenda lassa.

Mai lieaber Fraind, stell Dir vor, des wär romganga wie a Lauffeuer. – Wo der Erich sowieso so a Schwätzbas ist!
Jetzt hann i des Heftle zerst amol en so a Plastikguck naidoa, daß ma ned glei sieht, was i do en dr Hand hann, ond dann ben i mit dem Gückle zom Frühstück nonder ganga. – Ond dort hann i, gschickt wie i ben, hehlinga des Heftle mitsamt dr Guck hender so an Blumatrog nonderfalla lassa, ond ben vrschwonda wie an Strich.
Überglücklich, daß i des Belastungsmaterial endlich los war, hock i em Omnibus drenn, dann kommt dr Erich rai, hebt mir mai Gückle nah ond sagt: »Do du Schlamber, des host du no em Frühstücksraum neba daim Platz liega lassa!«
Jetzt hann i gmoint, mir vrreißts main Kopf, so ist mir s Blut ens Hirn gstiega. – I hann jo jetzt ned gwißt, ob der Donnderwetter en des Gückle naiglotzt hod oder ned.– Emmer wieder hannen i drnoch ahguckt, aber er hod sich nix ahmerka lassa. No ben i amol vorsichtshalber auf dui Guck naufgsessa, weil mai Nebasitzer ständig gfrogt hod, ob i ned doch ebbas zom lesa drbei hedd.
Jetzt hann i mi dauernd mit dem onderhalta, daß ihms jo gwieß ned langweilig wird – ond i hedd mir jo so nötig en Ruhe überlega solla, wie i des Heftle am besta vrschwenda lassa ka.

Dr Omnibus hält auf em Hoimweg direkt vor onserm Haus, ond weil doch mai Elfriede ständig am Fenster hängt, zom gucka, wann i jetzt endlich hoim komm, warad diea Möglichkeita, ebbas zom vrschwenda lassa, vrnichtend gering.
I ben nervlich so fertig gwesa, daß mir des schlieaßlich ao egal gwesa wär, wenns mai Elfriede gseha hedd. – Bloß, wenn des maine Jonge mitgriegt heddad, no wär ao no dr letschde Rest von Achtung flöta ganga.
Ond em Omnibus hann i des ao ned vrstecka wella, stell Dir vor, do wärad am nägsta Morga wieder Schualerkender drenn gsessa, ond heddad des gfonda.
Also hann i des Heftle hald en mainer Vrzweiflung mit hoim gnomma ond hanns mainer Elfriede vrzehlt, wie ällas glaufa ist. – Dui hod hald recht glacht, ond hod des Deng vrschwenda lassa.
Mai lieaber Fraind, ma sodd hald anander mehr vrtraua, no däd ma sich an mancha Ärger erspara!

Es grüßt Di ganz herzlich, Dai ausflugsgstreßter Fraind

Eugen Emberle

Die neue Küche

Mai lieaber Fraind!

D Elfriede hod doch scho lang a neue Küche wella. Also hend mir se kauft. Mai Elfriede hod se rausgsucht ond i hann se zahlt! Mir hod se zwor ao gfalla, aber des war unerheblich!
Woißt, dui hod a Arbeitsplatte ghed, wie früher diea Schüttstoi ausgseha hend.
Am Montag hend se ahgfanga mit aibaua.
D Elfriede hod ihr Gschirr, Töpf ond Pfanna gleichmäßig über de ganz Wohnung vrteilt.
Essa hods bloß kalt geba, aus dr Hand, weil ma jo ned hod spüla könna.
Maine zwoi Jonge send jeden Mittag zom Hamburgeressa ganga. – Jetzt i hann hald gvespert. Du woißt jo, daß i gern vespere, aber noch fünf Tag hedd i scho amol wieder gern ebbas warms em Bauch ghed.
Normal hend diea Kücheleut jo am Mittwoch fertig sai wella. Aber do se glei am Dienstag gmerkt hend, daß onser Küche 7 cm z groß war, oder dene ihre Möbel z kurz, hend se schnell müssa em Werk a neua Arbeitsplatte bstella ond no ist oiner von dene dort nahgfahra ond hod se abgholt.

Dr Handwerker hod gsagt, des hedd mai Elfriede falsch aufgschrieba, ond mai Elfriede hod gsagt, der Handwerker hedd falsch gmessa.
Am Donnerstag, mir send grad beim Mittagvesper gsessa, kommet diea Kücheleut end Stub rai ond hend gsagt, daß se fertig seied.
I hann mi arg gfreut ond hann glei zu mainer Elfriede gsagt, ob se mir ned no gschwend a hoißa Supp macha däd, no hend diea Handwerker gsagt, ja so schnell gang des jo ao wieder ned, mir brauche jetzt zerscht amol an Elektriker zom da Herd ahschlieaßa, an Flaschner zom onser Gschirrspülmasche ahschlieaßa ond no an Wasserhahna, der sei nämlich bei dr Küche ao ned drbei.
Mai Elfriede hod schier dr Schlag troffa. Dui hod scho auf da Sonntag onser ganza neidicha Vrwandtschaft aiglada, zom de neu Küche aiweiha, daß ses voll vrreißa soll.
Ja, hend diea Kücheleut gsagt, so schnell griege mir wahrscheinlich koin Handwerker her. – Hend sich aber dann fluchtartig zrückzoga, wo d Elfrieda an Schreikrampf griegt hod, worom sie des ned früher gsagt heddad.
Em mittags hann i no vom Gschäft aus glei an Elektriker ahgrufa ond der hod gsagt, er gang glei na ond machs. – Sag mir no oiner ebbas über d Handwerker.

Beim Flaschner hods a bißle Schwierigkeita geba. Er hod gsagt, er heiratet am Freitag, aber er schick no hald an Gsella vorbei.
Em obends ben i hoimkomma, hann mi auf a warms Nachtessa gfreut, ond ben von dr Elfriede mit ma eiskalta Blick empfanga worda.
Dr Flaschner sei überhaupt ned do gwesa, ond dr Elektriker hedd wohl den Herd ahgschlossa, aber der däd ned, bloß diea Lichtla brennad.
Also hend mir wieder gvespert.
Am andera Morga hann i wieder da Elektriker zu mainer Elfriede ond ihrem Herd gschickt, ond dem Flaschner hann i zur Hochzeit gratuliert.
I hann ihn so nebabei gfrogt, wo denn sai Gsell gwesa sei. – Ja ob der denn ned do war. – Ach was. Es sei doch auf niemand mehr Vrlaß, ond wenn ma ned ällas selber mach.
Ja dr Elektriker ist fai dr Chef selber gwesa! Jetzt hod dr Flaschner gsagt, er sei scho em guata Ahzug ond der Gsell müss des Brautpaarauto fahra, i soll doch ebber anders beauftraga.
Ha freilich, hod dr nägste Flaschner gsagt, des machad mir glei! – Sag mir no oiner ebbas über d Handwerker!
Wo i mittags hoimkomma ben, war dui Küche emmer no kalt ond dr Elfriede ihr Blick entsprechend eisig!

Natürlich hod se mir ned glaubt, daß i diea Handwerker älle ahgrufa hann.
Grad wo mir mittaggvespert hend, ist dr Flaschner komma, hod sich des Waschbecka ond dui Gschirrspülmasche ahguckt ond hod gsagt, ja also so an Schraubschlüssel hedd er jetzt ned drbei ond außerdem hedd er ao koin so an Wasserhahna mit ma Brauseschlauch, wie ihn mai Elfriede hod wella, vorrätig.
Er bsorg ihn, aber er wiss ned, ob des dui Woch no klappt. – Wo mai Elfriede fertig war mit schreia, hod er gsagt, daß er sofort zom Großhändler fahr ond den Hahna holt.
I hann mittags nommol den Elektriker flott gmacht, ond em obends ist Küche bereits onder Wasser gstanda, weil dr Flaschner a Dichtung ned richtig ahzoga ghed hod. – Aber des hann i no selber repariera könna. Bloß ist mai Elfriede vom aufbutza so erschöpft gwesa, daß mir hald wieder gvespert hend.

Es grüßt Di ganz herzlich, Dai sich noch ra warma Mahlzeit sehnender Fraind

Eugen Emberle

Das Rittermahl

Mai lieaber Fraind!

Dr Elfriede ond maine zwoi Buaba hann i doch scho lang vrsprocha ghed, daß mir amol zu so ma mittelalterlicha Ritteressa gangad.
Jetzt hann i also endlich so a Lokal ausfindich gmacht ghed ond gestern obend hann i mai Vrsprecha aiglöst.
Mir hend onsere robusteste Kloider ahzoga, weil ma do doch scheints d Knocha über d Schulter schmeißt, ond no send mir also en des Lokal nai marschiert.
Zerst hend mir so a elend langa Kellerstaffel nonder müssa ond do hend se ons scho mit ma Wasserkrug empfanga, zom d Händ wäscha.
No hend se ons so große Stoffservietta rombonda. Onserer Elfriede hend se extra a ganz Bettleintuch rombonda, weil se sonst hüba ond drüba zu weit rausguckt hedd. – Ond no ist s losganga, mit dem Schlemma.
Zerst hod jeder a Gläsle Schnaps mit bsoffene Zwetschga griegt. Dr Andreas hod sain selber tronka ond d Elfriede hod no em Markusle sai Gläsle

gleert, mitsamt onsere aiglegte Zwetschga, weil mir se ned hend wella.
No war se scho richtig gut aufglegt, wo mir an da Platz gführt worda send.
Schöne Holztisch ond Bänk. – Auf em Tisch ist a bißle Stroh glega ond auf jedem Platz a Pergamentrolle mit dr Speisefolge drauf.
Als nägstes hods frischbackene Roggaweckla geba, mit Äpfelgriebaschmalz ond ma herrlicha Kräutersalz. Do drzu hend mir aus Stoikrüg a schees kühls Bier griegt. Ond zwor hod oiner von dene Minnesänger, wo do en so alte Pumphosa ond Puffärmelblusa rom gspronga send, dem anwesenden Publikum erklärt, daß diea Männer sich überhaupt nix selber langa dürftet, sondern sich des von de Dama aischenka ond rausschöpfa lassa müssad, sonst kommad sie an da Pranger. – Des sei früher hald so gwesa!
Mai lieaber Fraind, jetzt woiß i erst, worom ma des de guat alt Zeit oder s goldene Mittelalter ghoißa hod!
Jetzt mainer Elfriede hod des ned so behagt. Aber weil se kräftige Oberärm hod, ist se ao mit dem Dreiliterkrug beim Aischenka zrecht komma. Onsere Jonge hend des natürlich schamlos ausgnützt. Mi hods gwondert, daß se wenigstens no ihr Essa selber kaut hend. Aber wenn d Elfriede hod

aufmucka wella, hend se ihra emmer glei mit dem Pranger droht.

Als nägstes hods an würziga Bauraschinka mit frisch graspeltem Meerrettich geba. – Der hod ons d Nas naufzoga, daß mir älle mit rote Augadeckel doghockt send.

Zwischa dr Fischsupp, wo ma hod aus dem Schüssele schlürfa müssa ond dera deftiga Wildleberpastet mit Speckmantel, hods d Elfriede vrwischt ond se hod müssa an da Pranger ganga.

Es hod am Ahfang ganz klar ghoißa, daß ma sain Bierkrug mit boide Hend heba muaß! – Noe, mai

Elfriede hod müssa scho wieder mit dr andera Hand noch em Essa langa!
Jetzt hod se Kopf ond Hend durch so zwoi Balka schieba müssa ond no hend se des ned zu brocht, weil mai Elfriede zwischa de Schultra ond dem Doppeldreifachkinn nemme so viel Platz ghed hod!
No hend ses hald mit ra schwera Kette zukettat.
Noch ra Viertelstond hod ma se durch drei Männer aus dem Lokal, wo bereit warad, dr Elfriede an Kuß zom geba, wieder auslösa kenna.
Ond weil sonst niemand aufgstanda ist ond mai Elfriede scho rote Auga griegt hod, hann i maine zwoi Buaba mit de massivste Drohunga so weit brocht, daß se mit mir nom send, ond ihrer Mutter an Kuß geba hend.
Drnoch hod se ons wieder a bißle gerner bedient.
Do hod ma auf hoiße Stoiplatta Speckscheiba ond Floisch bratet, am Tisch dra. – Des war natürlich a Schau, bsonders für maine Buaba.
Diea Käslaibla mit Trauba hann i schier nemme nonder brocht, sogar d Elfriede hod sich an Vogelbeerschnaps bstellt, daß besser grutscht ist.
Aber diea Quarkknödel mit Zimtzucker ond hoißem Butter send dann wieder bei älle spielend no naiganga.
I woiß ned, ob s an dem viela Essa glega ist, oder an dene zwoi Liter Bier ond Schnäps, weil mir onser

Elfriede schier nemme dui Kellertrepp nauf brocht hend.
Ond weil se jetzt, kurz vor em Mittagessa emmer no em Bett liegt, hann i denkt, i schreib Dir no a paar Zeila, bevor i jetzt nauf gang ond noch maim rittermahlgeschädigta Weib guck.

Es grüßt Di ganz herzlich, Dai ritterlicher Fraind

Eugen Emberle

Urlaubsfahrt ins Blaue

Mai lieaber Fraind!

Letschd Woch hann i em Gschäft überraschend a paar Tag frei griegt. No hod mai Elfriede beschlossa, daß mir a Woch en Urlaub fahrad! Ned amol mai Argument, daß doch onsere Buaba end Schul müssad, hod ebbas gnützt. – Se hend se aber ao zemlich gärgert en dr letzschda Zeit! Diea solle hald gucka, wie se ohne ons zrecht kommad, se heddad jo sonscht ao so a groβa Gosch!
Mir war s jo ned so recht, aber onsere Jonge send begeistert gwesa. Endlich könnad se amol do ond lassa was siea wellad ond Fernseha gucka ond ens Bett wann se wellad.
Daß des ned guat gohd war mir klar! – Aber do i jo koi Stemm hann em Emberle-Landtag ond überhaupt hann froh sai müssa, daß d Elfriede wenigstens mi mitnemmt, ben i, willig wie a Opferlamm losgfahra. Es hod niemand interessiert, daß i viel lieaber drhoim blieba wär ond do ebbas gschafft hedd, aber schlieaβlich wars jo d Elfriede wo Erholung braucht hod. – Weil i mi jo em Gschäft ausruha ka, sagt mai Elfriede emmer.

Immerhin hod se an Fahrer braucht – dr tiefere Grund ao, daß i hann mit dürfa! – Also ist mai Dasein doch ned ganz so nutzlos.
Ned bloß aus dem Grund ben i froh, daß mai Elfriede koin Führerschei hod, noe, es ist ao a Problem, daß se emmer rechts ond links vrwechselt! Ond em Landkartalesa ist se schlicht gsagt a Null. Des wär aber ällas ned so schlemm, wenn sui des aiseha däd! – Noe, se hod ständig d Kart en de Hend ond sagt mir, wie i fahra muß. – Meistens zu spät: »Do heddad mir abbiega müssa!«
Aber oft wars ao guat, daß i ned abboga ben, weil mir sonscht grottafalsch gfahra wärad.
Wie jetzt do wieder en da Urlaub.
Se hod mir bloß gsagt, daß des a Fahrt ens Blaue wird. – Bloß, daß i ned emmer saga soll, daß des wieder de falsch Richtung wär.
Ond prompt hod se no ao erst, wo dr Bodasee vor ons auftaucht ist, zuageba, daß se jo eigentlich end Berg hedd fahra wella.
Also hann i ihra d Kart aus de Hend gnomma, ben draufgsessa ond en Richtung Berg gfahra.
Aber weil mai Elfriede ständig entweder zor Nahrungsaufnahme oder- abgabe hod halda lassa, wars Nacht, wo mir dort ahkomma send.
Mai lieaber Fraind, Du woißt, daß i an Mensch ben, der gern scho vorher woiß wo er na will, was des für

a Haus ist, ond ob dort ao no Zemmer frei send. Jetzt mai Elfriede liebt Überraschunga! – Ond deshalb hod se ao mit ihrem vollschlanka Zeigefenger vom Auto aus auf a Gasthaus deutet, ond bestimmt, daß ma do nai gohd!
Befehlsgemäß ist dr Johann, alias Eugen Emberle, ausgstiega ond hod gfrogt, ob no a Zemmer für de gnädig Frau ond ihren Fahrer frei sei.
Es war. – Also hod dr Johann s Gepäck drei Treppa nauf gschleift ond Frau Emberle hod solang em Zemmer diea Örtlichkeita en Augaschei gnomma. Wie wichtig des war, hod sich no en dr gleicha Nacht rausgstellt!
Bis älle Koffer ond Dascha auspackt ond aigräumt warad, ist mai Elfriede so grätig gwesa vor Honger, daß i se nonder gschickt hann end Gastwirtschaft, se soll doch drweilst ahfanga mit essa.
I möcht obends sowieso nemme so viel em Maga hann, weil i sonscht ned so guat schlofa ka.
Jetzt mai Elfriede ka bloß schlofa, wenn se bis oba na voll ist. No schloft se ao ned so ohruhig, weil ihr Maga entweder links oder rechts auf dr Matratz liegt, ond do an Schwerpunkt bildad, daß se so, ohne sich ao oi oinzigs Mol zom dreha, de ganz Nacht auf oiner Seite liegt.
Mir könnad heut nemme genau saga, an was des letschdendlich glega ist. Ob diea zwoi Köniname-

pastetla ned en Ordnung warad, wo se als Vorspeis nonderdruckt hod, oder der Filettopf mit Käs überbacka ond Rahmpilzsößle mit Spätzla ond Salatteller.

Vielleicht lags ao an dem Großraumeisbecher mit ma halba Liter Schlagsahne drauf? Oder kommts dodrvo her, daß se von maim Lachsbrot nochher no gessa hod, mit dem Argument, daß es bei Zwiebel emmer besser sei, wenn boide drnoch schmeckad?

Ma ka des heut nemme so genau rekonstruiera, – auf jeden Fall ist se mitta en dr Nacht ausem Bett gjuckt ond aufs Klo gsauat.

I hann em ersta Augablick gschwend denkt, daß an Lastwaga ens Haus naigfahra sei, so hods mi vrschüttelt. Aber wo i dann begriffa hann, was los war, hann i mainer Elfriede gschriea ond hann gfrogad was denn los sei. – Se hod irgend ebbas von ma Durchfall brabbelt, ond scho hods auf dem Klo an Schlag do, daß i gmoint hann, mai Elfriede hockt mitsamt ihrem Klositz drei Stockwerk tiefer em Keller. – Ond wo i dui Tür aufgrissa hann, hod se mir s Gegateil von ihrem Kopf na gstreckt, weil se kurzerhand omdisponiert ghed hod.

No hod se mi mit ra knappa Handbewegung ausem Bad gscheucht.

Mai lieaber Fraind, erst noch fünf Tag war mai Elfriede wieder transportfähig. – Ond wo mir wieder

drhoim warad, send onsere zwoi Buaba mit ähnliche Krankheitsmerkmale em Bett glega.
Was willst jetzt do saga. – Se sehnads jo ned anders!

Es grüßt Di ganz herzlich, Dai disziplinierter Fraind

Eugen Emberle

Die Jubilarehrung

Mai lieaber Fraind!

Weil i doch scho seit 25 Johr en onserm Verei Mitglied ben, war i am letschda Samstagobend en dr Festhalle bei dr Jubilarehrung.
S erste, was mai Elfriede gsagt hod, wo i d Ailadung griegt hann, war, daß sui a neus Kloid brauch.
I hann se ganz höflich gfrogt, ob i dann ned lieaber alloi ganga soll, daß sui ned scho wieder dui Sprengerei noch ma neua Kloid hedd. Do heddest se höra solla! – Mai lieaber Scholli! Entweder mir boide oder gar kois! – Ond außerdem sei i jo bloß wieder zu knickich, ihra oimol em Johr a neus Kloid zom kaufa!
Was hoißt do oimol em Johr? – Mai Elfriede wächst so schnell en d Breite, daß i fast äll Woch ebbas neus kaufa sodd!
Ond zuadem mach mir jo sonst doch bloß wieder d Frau vom Schriftführer schöne Auga, hod se no drzu gsagt!
Also send mir am Samstagobend gschniegelt ond bügelt en dr Festhalle aiglaufa.
Mai Elfriede en ma hautenga Obendkloid – es war

de größt Größe wo mir hend auftreiba könna – ond i en maim oina guata Ahzug, wo i emmer ah hann, zu Beerdigunga, Hochzeita ond andere Fester. Bis do na wars emmer no ohklar, ob d Elfriede überhaupt hod nahsitza könna, ohne daß ihr Kloid vrreißt! – Deshalb hod se sich glei no a sündhaft teuera riesiga Stola kauft, wo se hod om sich romhänga könna, wie so a Fangnetz für an Walfisch. Für älle Fäll, ned daß se plötzlich em Freia gsessa wär.

Mai lieaber Fraind, woißt, i hann jo eigentlich scho a bißle ans Geld nahguckt ghed, aber wo s no des Kloid wirklich vrrissa hod, war i doch froh an dera Stola!

Mai Elfriede hod sich nämlich vorsichtig auf so an Stuhl plumpsa lassa ond scho ist ihra de ganz link Seite bis zor Hüfte nonder aufplatzt.

Also hod sich mai Elfriede ihr Stola hald links ganz flott über d Schulter ghengt.

Eigentlich hann i zu ihra gsagt ghed, daß mir vorher scho drhoim ebbas essad, weil des Essa en onserer Festhalle emmer so wahnsinnig teuer ist, aber mai Elfriede hod durchblicka lassa, daß sui koi Zeit drzu hedd, sondern se müss sich jo für mi schick macha! – Ond Du woißt jo, wie lang so Putz- ond Stuckarbeita an dr Elfriede ihrem Gsicht emmer dauerad.

Vielleicht hod se des ao bloß gsagt, weil se befürchtet hod, daß noch dem Nachtessa des Kloid scho drhoim nemme zu ganga wär.
Auf jeden Fall hod mai Elfriede, nochdem ihr Kloidernoht da Widerstand aufgeba hod, wieder Platz ghed en ihrem Kloid. Ond prompt hod se noch dr Speisekart glangt.
Freilich ist a ganz Schweinefilee mit Gemüseplatte, Kroketta ond Spätzla ebbas guats, aber muaß es denn emmer s teuerste von dr ganza Speisekart sai?
Ond wo i mir no hald ao a Pärle Bratwürst bstellt hann, hod des mai Elfriede bei dera Bedienung sofort wieder abbstellt, mit dem Vrweis an mi, daß i jo schlieaßlich jeden Augablick auf d Bühne grufa werda könn, ond dann wärad diea Würstla ond dui Soß kalt!
Also hann i hald gwartet, mit maim knurrenda Maga. – I hann zwar vrsuacht zom aiwenda, daß diea Jubilarehrunga ällamol so gega Schluß wärad, aber d Elfriede hod ned amol aufguckt, von ihrem Schweinefilee.
I hann emmer schlucka müssa, also hann i krampfhaft auf d Bühne naus guckt.
Ab ond zu hann i hald ghört, wie se no Soß, Spätzla ond Kroketta nochbstellt hod. Dann hann i schnell en Gedanka en maim Geldbeutel Kassasturz gmacht, obs wenigstens nochher no zu maine Bratwürst langt.

Am Zehne rom hann i s schier nemma ausghalta, vor Honger – ond grad, wo i bei dr Bedienung mai Essa bstellt ghed hann, hend se ahgfanga diea Ehrunga zom macha. – I hann no dr Bedienung nochgschriea, se soll mirs hald oifach nahstella, i sei glei wieder do, ond no ben i auf dui Bühne naufgstanda. Jetzt ist do also dr Präsident vom Hauptverei dogwesa ond der hod ons hald globt, was mir für Kerle seiad. Ond ist vom Hundertsta ens Tausendste komma, ond i hann emmer an maine Bratwürst denka müssa.
No hend mir a Urkunde griegt ond jeder a Fläschle Wai ond no hod no onser Vorstand a Ahsproch ghalda, was mir für Kerle seiad.
Wo i noch ra Dreiviertelstond wieder an main Tisch komma ben, hann i denkt, mi trifft dr Schlag! – Schiebt mai Elfriede grad des leere Teller von sich weg und tupft ihr Maul ab!
Mai lieaber Fraind, Du kennst mi jo als an sehr toleranta Menscha!
Mi hod des ao ned so arg gstört, daß se mai Bier voll austronka hod, – aber daß i jetzt Schuld sai soll, weils ihra ned guat war, weil se sich doch hod opfera müssa, sonst wär des Sach jo kalt worda, – des hann i schier nemme vrkraftet! Ond wo no dui Bedienung zu mir gsagt hod, daß d Küche ausvrkauft sei, ond ned amol mehr oi Stückle Brot rom-

lieg, do hann i mi fai arg beherrscha müssa, daß i mainer Elfriede ned de ander Seit von ihrem Kloid ao no aufgrissa hann.
An dem Obend hann i drhoim no alloi (!) dui ganza, gschenkt griegta Waiflasch en main nüchterna Maga naigleert, ond deshalb hend mir boide nix mehr vom Sonntag ghed.

Es grüßt Di ganz herzlich, Dai Jubilar ond Fraind

Eugen Emberle

Unterwegs auf dem Rhein

Mai lieaber Fraind!

Weil dr Onkel Bernhard am Heiliga Obend Geburtstag hod, ond saine Vrwandte ond Fraind an dem Tag lieaber drhoim bei ihre Familia feierad, hod er ons älle, ahläßlich von saim 70. Geburtstag mitta em Sommer zu ra Rheinfahrt aiglada! – Stell Dir vor, der hod a ganz Schiff für dui Feier ahgmietet ghed. – Ond des ganze zwoi Tag lang, von Köln bis noch Mainz! Ond ällas hod dr Onkel Bernhard zahlt. – Bis auf dui Zugfahrt noch Mainz. Ond deshalb hod ao mai Elfriede für ons älle a Vesper mitgnomma, daß mir ned en dem Speisewaga essa müssad, des sei jo gnug, wenn ma ao no dui Zugfahrt zahla müss, hod se rom goschad.
Des war ned recht von ihra. – Aber des hod se ao bloß gsagt, weils mai Vrwandtschaft gwesa ist. Bei ihrer Sippschaft ist jo emmer ällas en Ordnung! Bloß, daß ons von dene no niemand zu so ra Reise aiglada hod!
Während dera Zugfahrt hod mai Elfriede amol naus müssa, ond weil se so elend lang ned komma ist, hann i se hald gsucht. – Jetzt ist se em Speisewa-

ga ghockt ond hod zwoi Stückla Erdbeerkucha mit Schlagsahne gessa. – I hann no bloß da Kopf gschüttelt ond ben wieder zu maine Buaba ens Abteil gsessa.

Vom Kölner Bahhof bis zom Hafa nonder wars bloß an Katzasprung. – Jetzt ist do ein riesa Schiff glega. 100 Meter lang ond 12 Meter broit! Für 200 Passagier. Ond jeda von dene Kabina hod a Dusche ond WC ghed. – Ällas war mit Klimaahlag ausgstattet. Ond neba ma Speisesaal, Restaurant, Bar, Aussichtssalon, Lesezemmer ond Veranda, hods do no a Sonnadeck, a überdachtes Freideck ond sogar a beheizbares Außa-Schwemmbad ghed!

Mir send über 100 Gäst gwesa. Ond onser Onkel Bernhard ond ao Dande Margrit hend a Saufreud ghed, wo se ons gseha hend.

Mai lieaber Fraind, des warad oine von de schönste Tag wo i je erlebt hann. – Bei herrlichem Sonnaschei send mir losgschwomma. Also mit dem Schiff natürlich. Jetzt hend mir älle an Begrüßungscoktail griegt, ond no hods Kaffee ond Kuacha geba.

I hann dann mit maim Markusle auf dem Sonnadeck Freischach gspielt, dr Andreas ist en dr Badhos auf so ma Liegestuhl romghangt ond mai Elfriede hod emmer ganz neidich zu dem Schwemmbad nomguckt. – Se wär jo für ihr Leba gern en des

Bad naigjuckt, aber weils für ihr Größe eba koine Badeahzüg mehr gibt, ond selbst wenn, hedd se sich jo ao zu arg scheniert vor dene andere Gäst. – Aber so weit ist dui Sehnsucht noch dem Schlanksai ao wieder ned ganga, daß se endlich amol ahgfanga hedd, mit abnemma. – Em Gegadoil! – Jetzt hod se ihren Kummer ersäuft ond onder ma Berg Essa erstickt!

Do hods aber ao äll zwoi, drei Stond irgendwo ebbas zom essa oder trenka geba.

Am Obend hend se ein riesagroß Büffee aufbaut ghed ond no ist a rauschends Fest vrahstaltet worda. A paar von dene Gäst hend Gedicht vortraga, oine hend an Sketsch aufgführt ond wieder andere hend gsonga ond Klavier gspielt.

Mai Elfriede ist ao a paar Mol über dui Bühne glaufa, aber bloß, weil ma auf dem Weg ans Büffee ond wieder zrück ned anders hod laufa kenna! Kurz noch Mitternacht hod mai Elfriede onsere Buaba ens Bett gschickt ond ist mit mir auf dem Oberdeck omanander glaufa, bis se auf oimol rausglassa hod, was für a Spul leerlauft. – Se hod wella ohbedenkt en dem Schwemmbädle a Ronde schwemma! – Ond weil koi Mensch om da Weg war, hann i ihre Kloider heba müssa ond no ist se des Leiterle nonder gstiega, ens Wasser.

Des hoißt, se hod nonder steiga wella! – Aber no ist

se scheints irgendwie ausgrutscht en dr Eil ond rückwärts ens Wasser gfalla!
I hann ausgseha wie an nasser Hond. Ond ao dr Elfriede ihre Kloider, wo i en dr Hand ghed hann, send bätschnaß gwesa! – Mindestens d Hälfte von dem Wasser ist rausgspritzt, aber weil mai Elfriede no drenn gwesa ist, wars wieder voll.
Jetzt ist se do drenn romplanscht, wie a klois Kend. – Auf oimol ist an Haufa jonge Leut auf des Deck komma, ond hod sichs en dene Liegestühl bequem gmacht. – Jetzt was do? – Mai Elfriede hod sich nemme vrregt. Ond weil des Wasser ned beheizt war, ond nachts an kühler Wend ganga ist, hod ma

se bloß ällamol wieder leise mit ihre Zäh klappera höra.
Kurz noch Eins hod se aufgeba ond ist wie ein Pfeil, bloß a bißle langsamer dem Wasser entstiega.
Mai lieaber Fraind, host Du eigentlich scho amol, wo Du bätschnaß warst ond pressiert host, nasse Kloider ahzoga? – Es war furchtbar!
Ond weil mir no drzu na koin Föhn drbei ghed hend, hod se am nägsta Tag a Frisur ghed, wie onser Mob! – Aber sonst wars voll schee.
Ond wenn dr Elfriede ihr Schnupfa wieder besser ist, fahrad mir spät obends an so an Baggersee, daß mai Elfriede amol wieder bada ka.

Es grüßt Di ganz herzlich, Dai nichtschwimmender Fraind

Eugen Emberle

Im Dampfbad

Mai lieaber Fraind!

Scho wo i en de letschde Tag emmer Prospekt ond Katalog von so Saunafirma aus maim Briefkasta rauszoga hann, älle adressiert an Frau Elfriede Emberle, hann i geahnt, was jetzt auf mi zukommt. Ond wos no am Samstagobend a festlichs Essa mit Kerzalicht ond Sekt geba hod, hann i mir scho gar nemme überlegt, ob i vielleicht da Hochzeitstag vrgessa hann.
Sekonda nochdem i mai Dessertlöffale aus dr Hand glegt hann, hod se mir mit feuchte Auga vrkündad, daß sui jetzt abnemma will.
I, ennerlich drauf vorbereidad, hann außer »Ach!?«, amol sonscht nix drzua gsagt.
Jetzt hod se also ahgfanga, so a Dampfsaunabad en de högste Tön zom loba. – Also an Vrtreter hedds ned besser könna!
I hann drzwischanai ällamol wieder nochem Preis gfrogt, aber mai Elfriede hod oifach weiderglobt. Ond schlieaßlich hod se dann diea Prospekt brocht. I hann no glei noch dr Preisliste glangad. – Mit Montage 14000 Mark (!) für de kleinst Ausfüh-

rung! Ond dui war für zwoi Persona zom sitza. Eddamol liega hedd ma do kenna! – Ond ob neba dr Elfriede no a zwoits Platz ghed hedd, des war mehr wie ohsicher.
Maine zwoi Buaba warad begeistert. Se hend gmoind, daß mir (also i) ao glei no a Dusche mit aibaua müssad. Ond no dädad se ihre Kamerada mit ailada, bei ons zom dampfbada.
Do war i no scho begeistert! – Des hod mir grad no gfehlt! – Dampfbad Eugen Emberle. – Ond dr Dackel wo drfür schaffa muaß, ka no womöglich froga, ob er ao vielleicht amol nai dürft.
Also hann i main Trumpf ausem Ärmel zoga. – I ben jo schlieaßlich drauf vorbereidad gwesa!
Ja, hann i vrkündad, in Anbetracht der hohen Investitiona müss ma so a Dampfbad jo zerst amol ausprobiera, bevor ma soviel Geld ausgibt.
Mai lieaber Fraind, i woiß doch wie schnell so a Begeisterung von ebbas ahhält. – Ond no ist des em Haus ond stoht bloß rom. Für 14000 Mark ka ma nämlich oft en so a öffentlichs Dampfbad ganga!
Vielleicht bewirkt des bei mainer Elfriede ao, daß se wirklich abnemma will, wenn se nackat vor de Leut romlaufa muaß.
Mai Elfriede hod sich erwartungsgemäß mit Hend ond Fiaß gwehrt. Aber i hann gsagt, entweder mir

probierad des zerst a paarmol aus ond du sagscht: jawoll des ist des was i brauch, oder mir lassads, weil jo en dem Prospekt sowieso extra no stoht, daß es bei Herzleida ond Bluthochdruck ned empfehlenswert ist. – Ond dodrmit hann i ihren wunda Punkt vrwischt ghed. Also hod se aigwilligt. Maine Buaba warad begeistert – do gangad siea mit! – Aber nochdem d Elfriede fertich war mit schreia, hend se sich, für mi ned überraschend, plötzlich doch entschlossa, drhoim zom bleiba. Also ben i mit mainer Elfriede en so a Saunadampfbad gfahra.

Raffiniert, wie se ist, hod sich d Elfriede aus viel Frottee a riesa Badetuch zemmagnäht ond en des hod se ihren edla Körper aighüllt.

Für mi hod se hald so a klois Handduch mit, wo ma d Hend abtrocknad, aber mir hods glangt!

Scho beim auszieha hod se mir furchtbar leid doa. Des war an gemeinsamer Umkleideraum, ond jetzt ist do an Fußballverei mit lauter jonge Kerle raikomma. Ond diea hend natürlich emmer glacht ond tuschelt. – Mai Elfriede hod emmer weider da Bauch naizoga, bis se hod schier nemme schnaufa könna.

Zom Glück hods oinzelne Duschkabina ghed ond no semmer, d Elfriede onder ihrem Handduch, ond i mais lässig überm Arm en Richtung Dampfbad vrschwonda. – Ach du lieabe Zeit!

Hods do einen Dampf drenn ghed. Mai Elfriede hod schier oin zemmaghockad. – Zom Glück hod der vorher no om Hilfe gschriea!
Aber ma hod ao wirklich kaum d Hand vor de Auga, geschweige denn sonscht ebbas gseha!
Do semmer jetzt also ghockt, mai Elfriede ond i, auf onsere Handdüacher. – I hann ällamol wieder en da Dampf nai gfrogt, wies ihra gohd, aber se hod dapfert ausghalta.
Mai lieaber Fraind, ond jetzt kommt ebbas, mit dem i niea grechnad hedd: An älterer, grauhooriger Ma ist mit ma andera Herra ens Dampfbad raikomma ond hod sich mit dem über da Wert von soma Hoißluftbad onderhalta. – I hedd den Ma grad en da Arm nemma könna! – Des sei also guat, wenn ebber Bronchitis, Asthma oder Rheumatismus hedd, aber des, was ma nausschwitzt, däd nochher wieder nahtronka werda ond fürs Abnemma däds koi andera Alternative geba, wie weniger essa.
No hod ihn mai Elfriede ganz giftig gfrogt, ob er denn überhaupt dodrvo ebbas vrstand, was er do rausschwätz. – No hod se der bloß mitleidich ahguckt ond hod gsagt, er sei Arzt, ond wenn er sui so seh, no könnt er vrstanda, daß ihra des ned gfalla däd, was er do gsagt hedd.
Seither hod mai Elfriede nix mehr von ihrem Dampfbad gschwätzt. – Jetzt heut hann i a Päckle

griegt, an mai Frau adressiert, mit ma Buach drenn: ‚Die Diätküche'.
Jetzt ka i bloß no hoffa, daß se ned grätich wird, wenn se wieder amol hongert, weil, wenn se hongera muaß, ist mai Elfriede, em Gegasatz zo ihrem Essa wo se kocht, ungenießbar!

Es grüßt Di ganz herzlich, Dai Beinohdampfbadbesitzer ond Fraind

Eugen Emberle

Eine schöne Wanderung

Mai lieaber Fraind!

Eigentlich hann i jo mit maine zwoi Buaba a Wanderung macha wella. – Aber nochdem mai Großer mehr oder weniger offa main Geisteszustand en Zweifel zoga hod, ond lieaber an da Baggersee, zwischa sonnaölvrschmierte Floischberg, kreischende Kender, kläffende Hond, jaulende Kofferradio, stoinige Brennesselwiesa ond Amoisahäufa nailiega will, hann i mi auf a schöna Wanderung mit maim Markusle gfreut. – Bis mai Elfriede vrkündad hod, daß no hald sui mitgang!
Mai Kloiner ond i hend mit Engelszonga vrsuacht, onsern Haushaltsvorstand dodrvo zom abbrenga, aber es hod koin Wert ghed!
Mir hend ihra klipp ond klar erklärt, daß mir a sehr strenga Vier- bis Sechsstondawanderung machad ond koi Autowanderfahrt, aber onser Elfriede hod monder da Proviant für dui Wanderung drher brocht.
I moin, dui Flasch saura Sprudel für mi ond diea fenf Dösla Cola für da Markus hann i jo no gern aipackt, aber diea drei Literflascha Zitronalimo-

nade ond diea zwoi Fläschla Woizabier für sui, hann i onder Protest en main Rucksack gstopft. Zom Glück hod se des ned ghört, weil se grad an Ring Schenkawurst, an Ring Schwarzwurst ond fünf Pärla Landjäger en dui Guck zom Brotloib ond zor Senftub nai gschoba hod.
Mir hods beim Laufa schier s Kreuz abdruckt! Aber weil mai Elfriede bereits noch fünf Kilometer scho de erst Picknickronde ahgsetzt hod, ist der Rucksack von Mol zu Mol leichter worda. Was jedoch den Nochdoil ghed hod, daß dodurch mai Elfriede emmer schwerer worda ist. – Ond weil se früher amol, wo s Gwicht vrdoilt worda ist, zwoimol »Hier!« gschriea hod ist se ao emmer langsamer worda. – Mit dr Zeit send mir also mehr gsessa, als glaufa.
I hann vrsuacht, mai Markusle bei Laune zu halta. Mir hend amol a jongs Füchsle vor saim Bau beobachtet, Rehla, Eidechsla ond Blendschleicha, aber z letschda hod er emmer offener gega diea Wanderpausa von sainer Mutter gmeutert.
Also ben i schlieaßlich en dr Vrzweiflung auf den vrhängnisvolla Vorschlag von mainer Elfriede aiganga, daß mir doch a Abkürzung laufa sollad. Ond jetzt erst hod onser Martyrium so richtig ahgfanga! – Der Weg hod nämlich noch viele Kilometer auf oimol aufghört! – Mittla em Wald, an ma Berghang! – Jetzt was doa?

Mai Elfriede ist aufem Boda ghockt, hod gheilad ond hod gsagt, mir sollad se doch do liega lassa ond ons vrsuacha zom durchschlaga, daß mir wenigstens überlebad, aber sui hedd koi Kraft mehr, des ällas zom zrück laufa.
Mai Markusle war drauf ond dra, den Vorschlag zom ahnemma, aber i hann dera Vrsuchung widerstanda ond hann en ra großahglegta Rettungsaktio mai Elfriede, an dr Hand, von Baum zu Baum da Berg nonder rutscha lassa.
So hod mai Markusle scho lang nemme glacht!
Aber mai Elfriede hod koi Kraft mehr ghed, noch ihm zom schlaga.
An ma Bächle em Tal hend mir no älle onsere Füß naighengt. – D Elfriede hod Blosa an de Fußsohla ghed, so groß wie diea Kieselstoiner em Bach. Do ist sogar dr Markus blaß worda!
Jetzt hend mir voll dr restliche Proviant en d Elfriede naigleert. No hod se noch dene zwoi Bierfläschla sogar mehr glacht wie gheult.
Bloß ist se jetzt hald no müder worda, wie se vorher scho gwesa ist. – Es war furchtbar! D Elfriede hod da Arm om mi rom doa, ond ist so an mi nahghangt, daß i gmoint hann, mi druckts voll en da Boda nai!
Dr Markus ist emmer vornadrauß glaufa ond auf oimol hod er a Fahrstroß entdeckt!
Jetzt hend mir schnell onser Elfriede auf dui Stroß

naus gschleift, hend se auf so a Leitplanke nahgsetzt ond s nächste Auto ahghalta!
Jetzt war des an Lastwaga. – Dr Elfriede wars egal, aber se ist ned auf des Trittbrett naufkomma, weils zu hoch war. – Mir zwoi hend wohl henda gschoba, aber onser Kraft hod ned glangt. Ond extra an Autokrana zom bstella, des war mir ao zu aufwendig. – Also hend mir ons bei dem Fahrer bedankt ond aufs nächste Fahrzeug gwardad. Des warad zwoi Radfahrer, aber diea hod se glei weider gwonka.
A Studentin hod ons no mit ihrer Ente mitgnomma! Des Fahrzeug ist auf dr Elfriede ihrer Seite so bedrohlich nonder ganga, daß i am liebsta en de Kurva auf dr andera Seite zor Tür nausghangad wär, wie auf ma Segelboot bei ra Regatta, daß des Fahrzeug ned voll omkippt.
Mai lieaber Fraind, sobald mai Elfriede wieder laufa ka, ond mir da Haushalt nemme macha müssad, mach i mit maim Markusle a Wanderung, aber a richtiga, ohne d Elfriede!

Es grüßt Di ganz herzlich, Dai Wanderfreund

Eugen Emberle

Auf dem Volksfest

Mai lieaber Fraind!

Seit langer Zeit ben i amol wieder mit mainer Elfriede ond onsere zwoi Buaba auf em Volksfest gwesa. Obwohl d Elfriede ans Fahrgeld nahgoschad hod, send mir mit em Zug gfahra, daß i hann ao amol ebbas trenka könna.
Da ersta Ärger hods geba, wo mir en so a Bierzelt hend nai wella, zom a Göckale essa. – Bloß weil do a Bloskapell gspielt hod, hod sich mai Andreas aufgführt, wie wenn ma den en so a mittelalterlicha Folterkammer hedd naischleifa wella.
Mai Elfriede ist hald ahne glaufa ond hod an Platz gsucht ond i hann solang mit maim Jonga vrhandelt. – Aber wo er no gschriea hod, er zeig mi ah wega seelischer Grausamkeit ond Kindesmißhandlung, no hannem i hald erlaubt, daß er mit saim kleina Bruder an so ma Imbißstand an Hamburger hod essa dürfa.
I hann zo ihm gsagt ghed, daß se bis en ra halba Stond wieder do am Aigang sai sollad, aber noch ra halba Stond hend mir erst des Bier griegt. Ond wo mir dann a Stond später des Göckale fai säuberlich

abgnagt ghed hend ond nauskomma send, war weit ond breit nix von onsere Jonge zom seha. D Elfriede hod ennerlich scho ihre Ärmel naufkrempelt, aber i hann mi dann als Pflichtvrteidiger von maine Buaba en ma ausführlicha Plädoaje für Strafmilderung aigsetzt, weil mir ons jo ao jämmerlich vrspätet ghed hend.
Aber erst wo i ihra so an Granatapfl kauft hann, hod se ihr Prügelstrof en a Schempfade omgwandelt. Ond wo no dr Andreas onds Markusle endlich drherkomma send, hod Elfriede grad a Pfond Popcorn em Maul ghed. No hod se bloß no ihre Auga aufreißa könna, wie wenn se sich Ondertassa als Kontaktlinsa naischieba müßt.
Also ben i glei mit dr ganza Blos en so a Luupingbah naigsessa, was mir 20 Mark Ohkosta, Popcorn em Hoor ond da Ärger von dr Elfriede aibrocht hod. Also hod ab sofort sui entschieda wo ma naigohd ond wo ned!
Oimol send mir en so a Varieté-Theater naiganga. Do hod sogar d Elfriede gschempft, des sei jo a Ohvrschämtheit, oim so an Dreck zom vorsetza! Ab sofort hod ma jetzt, was auf a Ahregung von dr Elfriede zrückganga ist, mai Geld en Essa investiert. Mai lieaber Fraind, Du derfst mir glauba, daß mirs ned bloß wega dem Geld war. Aber noch dene en Schoklad dauchte frische Frücht, a Lachsweckle

mit Zwiebel zom essa, do ghört scho einiges drzu. Es ist ao ned so, daß i des mainer Familie ned gönna däd, noe, aber noch dem Lachsweckle, auf diea süaße Kirscha-Waffla mit Schlagsahne nah, no diea en dem donkla Fett fritierte Champingjos en Bierteig zom nonderschlaga, des hod mit Honger ond Eßkultur überhaupt nix mehr zom doa ghed!
Wo mai Elfriede bei so ma Handleser drenna war, hann i ihra a rota Seideros an ra Schießbude rausgschossa. Mai Markusle hod an Bära griegt, ond dr Groß hod so an Plastiktotakopf wella. – Woißt, Gschmäcker send hald vrschieda!
Wo mai Elfriede wieder do gwesa ist, hann i denkt, es lieg am Andreas saim Plastikkopf, weil se so a narrads Gsicht nahgmacht hod. – Oder aber se hod ihr Seideros zu kitschich gfonda, weil se dui oifach fortgschmissa hod.
Aber wo se dann noch ma Teller voll Gyros wieder gsprächiger worda ist, hann i hald vrmutet, daß ihra der Handleser ebbas gsagt hod, wo ned so bsonders guat ahkomma ist.
Doch wo ihra no em Riesarad so a groß Stück von dr Zuckerwatte ens Hoor naiklebt ist, daß mirs schier nemme rausbrocht hend, do hod se scho wieder ahfanga lacha.
Ond wo se dann aufem Weg zom Bahhof en an Hondsdreck naidappt ist, ond diea Leut em Zug

emmer so komisch guckt hend, hods ons vier schier vrrissa!
I moin, daß mai Elfriede vom Bahhof hoim zo onserm Haus en ihrem Schwips fast bei älle Leut Glocka butzt hod, des hann i jetzt wieder für übertrieba ahguckt, weil se jo ned schnell gnug hod wegsprenga könna, ond se jo jeder an ihrer einmaliga Figur kennt hod.
Mai lieaber Fraind, Du derfst ned denka, daß i mai Elfriede ned mag, weil i ällamol bei Dir main Kropf leer, aber manchmol hann i hald oifach ned emmer genügend Vrständnis für des Vrhalta von ihra. – Aber i hoff, daß i ao irgendwann amol lern, mai Frau zom begreifa!

Es grüßt Di ganz herzlich, Dai Student der weiblichen Psyche ond Fraind

Eugen Emberle

Der runde Geburtstag

Mai lieaber Fraind!

D Elfriede hod doch ihren ronda Geburtstag ghed. Klar, daß der gfeiert worda ist! – Bei maim domols wars ned klar, aber wenns mai Elfriede selber betrifft, ist jo älles ganz anders.
Ma hod drhoim gfeiert, weils en ra Wirtschaft jo zu teuer gwesa wär! – Mainer Meinung noch, die jo bei ons dohenna ned gfrogt ist, wars no teurer, wie wenn mir irgendwo ens Wirtshaus wärad. Stell Dir vor, mai Elfriede hod ohgfähr 30 Persona aiglada ghed! Lauter Leut, mit dene sui bsonders guat auskommt – des hoißt also: wo ihra hald ondersche schwätzad!
Immerhin hod se 30 Leut zemmabrocht!
I hann Di jo ao vorgschlaga ghed, aber nochdem Du ab ond zu Dai Ahsicht durchblicka läßt, bist Du mit überwältigender Mehrheit abglehnt worda. Mach Dir nix draus, Du bist ond bleibst trotzdem mai bester Fraind!
Jetzt muaß i Dir erzähla, was mai Elfriede ällas telefonisch beim Getränkehändler bstellt hod: 30 Flascha Rotwai – als ob jedes a Flasch trenka däd!

25 Flascha Weißwai (lieblich) ond 25 Flascha (trocka). 20 Flascha Sekt (als Sektempfang ond für nachts zom ahstoßa!) 5 Flascha Sherry (als Aperitif). 2 Ständer donkels Weizabier ond 2 Ständer hells Weizabier. Drzu 2 Ständer Pils ond 2 Ständer Export. 5 Ständer saura Sprudel ond 20 Flascha Oraschasaft!

I ben achtmol gfahra, bis i älles en Küche, Kühlschränk ond em Keller vrstaut ghed hann.

Dann ben i mit ihra en da Supermarkt gfahra ond hann, sage ond schreibe 6 Aikaufswägala ans Auto gschleppt, mit dr Elfriede em Kielwasser.

30 Becherla Schlagsahne! – I hanns komma seha!

D Elfriede hod 4 Torta, 4 Obstkucha ond 3 grührte Kucha backa, für mittags! – Dann hod se etwa an halba Zentner Floisch für a Gulaschsupp gschnitta, die spät en dr Nacht serviert wird, ond an halba Tag en onsere größte Töpf kocht.

Fürs Obendessa send von onserm Metzger 5 große Aufschnittplatta, 5 Platta mit kaltem Brata, 2 Lachsplatta, 2 Platta mit Forellafilee ond 2 riesagroße Käsbretter ahgliefert worda.

Daß se für älle Fäll no drei Loib Leberkäs en da Backofa gschoba hod ond no ohgfähr 20 Liter Lauchcremsupp kocht hod, hann i nemme vrhendera könna, weil se scho allergisch war, wenn i überhaupt s Maul aufgmacht hann. – Des war a

teuers Schweiga! Daß von dene 30 gladene Gäst an dr Elfriede ihrem Ehratag bloß 22 komma send, war de oi Hälfte von dera Katastroph. – De ander Hälfte warad diea Gschenk! – Weil jeder gwißt hod, wie gern mai Elfriede mit ihre 2 1/2 Zentner Lebendgwicht vor ma Essa sitzt, hend 15 von dene 22 Gäst ebbas zom Essa mitbrocht!
3 Gschenkkörb mit Essa, 8 Wurststräuß (des send so aufdrohtate Wursthälfta als Biedermaierstrauß bonda) ond 4 Torta mit dr Johreszahl vom Geburtstag drauf!
Maine Buaba hend sich zerst gfreut, daß se amol so richtig naihaua könnad, aber scho nochem Kaffee ist ihne von dera viela Sahne ond Buttercrem schlecht gwesa.
Natürlich hann i gwißt, wenn i jetzt zu mainer Elfriede gsagt hedd: Siehsch, i hanns jo vorausgseha! – daß se mir so a ganza Schwarzwäldertort ens Gsicht druckt hedd. – Aber i glaub, se hod mirs ao so ahgseha.
Obwohl de Letschde no nachts am Drei Gulaschsupp gessa hend ond mir älle, wo se ganga send, no Pappteller voll Kucha, Torta ond Wurst mitgeba hend, send emmer no Unmenga auf dem Schlachtfeld am kalta Büffee glega.
D Elfriede hod en dr Nacht no an Kreislaufzemmabruch griegt, ahgeblich von dr Aufregung. Aber i

glaub doch, daß zumindest an Zusammahang mit ihrem volla Maga ond mit dem Alkohol bestanda hod!
Nochdems nomol mit Kreislauftropfa ond ohne Krankawaga abganga ist, hend mir ons no am Morga noch dem denkwürdiga Tag, dra gmacht, diea Reste zu vrsorga.
Mai lieaber Fraind, obwohl mir onsern Kühlschrank, d Gfriertruhe ond da Gfrierschrank bis zom letschda Ritzle vollgschtopft hend, ond obwohl mir bereits wieder zom Frühstück, Mittagessa ond

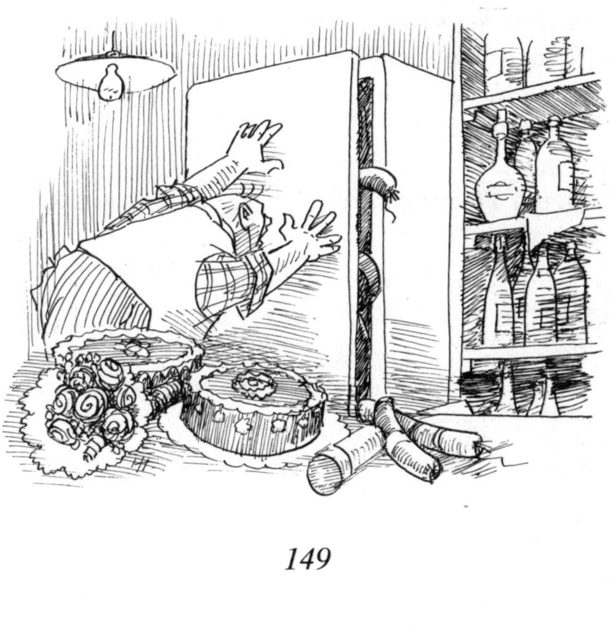

zom Vesper Unmenga von Kucha, Torta ond Wurst en ons naigschoba hend, stoht onda em Keller no a ganz Regal voll mit Sach, wo ma dapfert essa sodd. I hedd Di jo gern aiglada, aber mai Elfriede hod absolute häusliche Stille ahgordnet ond liegt em abdonkelda Schlofzemmer mit ra Wäschschüssel em Arm ond ra Kann Kamillatee aufem Nachttischle. Maine zwoi Buaba ond i schleichad auf Zehaspitza durchs Haus ond essad dr Elfriede ihr Obst aus de Gschenkkörb, weil mir koi Wurst ond koine Kucha mehr seha könnad.
Mai lieaber Fraind, wenn sich mai Elfriede wieder erholt hod, no kommst, ond maine Buaba ladad ihre Kumpl ai, no machad mir a Festessa mitnander, weil doch mai Elfriede scho vor ihrem Geburtstag gsagt hod, daß ma jetzt dringend onsern Gfrierschrank abtaua sodd!

Es grüßt Di ganz herzlich, Dai geburtstagsessensgstreßter Fraind

Eugen Emberle

Der Führerschein

Mai lieaber Fraind!

Stell Dir vor, was für ein Theater em Hause Emberle grad wieder gwesa ist: Mai Elfriede hod nochem Nachtessa vrkündad, daß sui jetzt da Führerschei macha well!
Ond des bloß, weil i oimol em Gschäft ned frei griegt hann, wo onser Dande Hermine gschtorba ist, a gschwisterichs Kendskend von dr Elfriede ihrem Urgroßvatter mütterlicherseits!
Von dera Beerdigung ist Elfriede hoimkomma, wie a blutta Maus. – Des war so: Weils so schee war beim Leichaschmaus ond es ällas omsonst gebba hod, ist mai Elfriede hald sitza blieba ond hod sich auf da letschda Zug vrlassa.
Jetzt hod se aber ned richtig guckt ghed, der ist bloß an Sonn- ond Feiertag gfahra, no hod se hald a Taxi gnomma. – Onderwegs hod se emmer auf dem Taxometer guckt, wieviel s kostet, ond em Nochberflecka von ons, also 7 Kilometer vor dr Hoimat ist ihra s Geld ausganga.
No hod se hald so doa, wie wenn se do scho wohna däd ond ist ausgstiega.

Jetzt ist do recht kalt gwesa, gregnet hods was hod ronder könna, ond mai Elfriede ist dogschtanda ond hod mit ihrem Dauma auf Autostop gmacht. Entweder hend diea Autofahrer denkt, do stande glei a paar Leut auf oim Haufa, oder aber se hend Angst ghed om ihre Achsa oder Stoßdämpfer, auf jeden Fall, es hod koiner ahghalta ond no ist mai Elfriede hald hoimglaufa.
Ond des ist jetzt dr Grond, weshalb sui sich entschlossa hod, da Führerschei zom macha!
Mai Großer, dr Andreas, war glei Feuer ond Flamme. »Prima!«, hod er gsagt, »dann fahrad mir glei morga auf da Verkehrsübungsplatz, no derf i ao amol fahra!«
Hoi, hann i denkt, jetzt wirds brenzelich. Do baut sich a Front auf gega mi. Ond no hann i ganz höflich gfrogt, mit was für ma Auto sui dann zom fahra gedenk.
Ha mit onserm (!) Auto! – Des ist komma, wie aus dr Pistol gschossa. Ond bevor i hann no froga könna, wie dann eigentlich i ens Gschäft komma soll, hod sui glei drzu gsagt, daß i jo schlieaßlich ao amol mit em Bus oder Zug fahra könn, wie sui.
Ond dodrzua hod se richtig wüaschd ghustet. Aber se hods richtig rausdrucka müssa. – Ma hods gmerkt, daß des nemme von dera Beerdigungserkältung gwesa sai ka.

Jetzt ist dui Sach zwoi zu zwoi gstanda.
A recht ohgünstiga Lage für mi, do d Elfriede sowieso d Aktiamehrheit hod, weils bei ons em Familiarat nochem Gwicht gohd.
Ond no ist ao no mai Markusle en dr Elfriede ihr Lager überglaufa. »Woißt Baba«, hod er zo mir gsagt, »no ka i doch dr Mama helfa, diea Saft- ond Sprudelkista traga, wenn mir en da Supermarkt gangad, no hoschd du dain Feierobend für di!«
Des hod mir scho weh doa, daß mi mai Jüngster jetzt ao no voll em Stich lassa hod, bloß wega dem Autofahra.
Mai lieaber Fraind, Du derfst glauba, daß mir des ned bloß wega maim Auto war, des ao, aber stell Dir doch vor, mai Elfriede ond Technik, des ist jo lebensgfährlich für sui, maine Buaba ond für diea andere Verkehrsteilnehmer.
Se macht mir jo scho als Beifahrere Kummer gnug! Erst kürzlich hod se zwoimol oine end Stroß rai gwonka, wo koi Vorfahrt ghed hend. – Wenns i ned no en de Augawinkl gseha hedd, wär i glatt en diea naigfahra.
Oder wo se mir auf dr Autobah oifach da vierta Gang rauszoga hod, bloß weil ihra der Ganghebel am Kniea weh doa hod.
Ond erst vor zwoi Tag hod se während dr Fahrt an

dr Handbrems zoga, bloß weil se hod wissa wella, für was denn aber ao der Hebel do sei!
I hann mit Engelszonga vrsuacht, mai Elfriede von ihrem vrhängnisvolla Entschluß zom abbrenga, aber diea drei hend mi bloß ahguckt, wie wenn i dene grad d Wohnung kündigt hedd.
Also ben i mit dr ganza Sippe zo dem Verkehrsübungsplatz gfahra.
Se war scho a bißle aigschnappt, weil i vorher mai Auto nomol von älle Seita aus fotografiert hann, als Ahdenka.
Jetzt hend diea, Gott sei Dank, zu ghed!
I hedd könna mitsamt maim Auto vor Freud an

Luftsprung macha, aber des ist ned ganga, weil mai Elfriede no drenn gsessa ist. – Des hoißt, se ist no ausgstiega, ond hod em Zorn mit dr Hüfte ihr Tür zughaua.
Ond weil se auf oimol so komisch guckt hod, ben i schnell oms Auto romgschbronga ond no hann i gseha, was los war. – En dr Beifahrertür ist an Dalla drenn gwesa, so groß ond tief, wie dr Elfriede ihr voluminösa Hüfte!
Hondertmol hann i scho zu ihra gsagt ghed, se soll dui Autotür mit de Hend zumacha! – Aber noi!
Ond wo i dann dr Elfriede ihr Ahgebot abglehnt hann, dui neua Autotür vom Haushaltsgeld zom abstottera, hod sui von sich aus auf da Führerschei vorerst vrzichtet.
Mai lieaber Fraind, jetzt könnad mir bloß hoffa, daß des a Weile hebt, sonscht kommt mi der Vrzicht jeweils teurer, wie diea ganze Führerscheiprüfungskosta!

Es grüßt Di ganz herzlich, Dai Verkehrsgefährdungsverhinderer ond Fraind

Eugen Emberle

Winfried Wagner

1949
Am 5. April in Metzingen geboren. Nach Beendigung der Schulzeit, Lehre bei der Volksbank Metzingen und dort als Abteilungsleiter tätig.

1972 3 1/2 Jahre Fernstudium an der Hamburger Autorenschule. Schriftstellerei und Journalismus, Film, Funk- und Fernsehautor.

1976 Drehbücher für eine Comiczeitschrift, die in sechs Sprachen übersetzt wird und in neun europäischen Ländern erscheint.

1977 Mundarthörspiele für den Südwestfunk. Silbermedaille in einem landesweiten Werbetexterwettbewerb. Gag- und Ideenlieferant für ARD-Fernsehshows.

1978 4. Preis beim Wettbewerb für Mundartautoren der Landesregierung. Beginn der landesweiten Vorträge.

1979 Erster Auftritt im Süddeutschen Rundfunk. Ehrung durch Ministerpräsident Lothar Späth. Beginn einer Serie von Zeitungskolumnen.

1980 Erster Fernsehauftritt im SDR und Drehbücher für das SDR-Fernsehen. Fertigstellung des ersten Buches mit dem Titel: »Mir Schwoba send hald ao bloß Menscha« im September. Im Dezember ist über die Hälfte der Auflage bereits verkauft.

1981 Moderator der bundesweit ausgestrahlten ARD-Fernsehshow »Stuttgarter Nachmittag«, und Fernsehmoderator des S 3 Abendprogrammes. Fertigstellung des zweiten Buches mit dem Titel: »Schwäbische Gschichta«.

1982 Ausstrahlung des ersten Fernsehspiels durch das SDR-Fernsehen. Fertigstellung des dritten Buches mit dem Titel: »Bloß guad, daß i an Schwob ben«.

1983 Fertigstellung des vierten Buches mit dem Titel: »Ons Schwoba muaß ma oifach möga«.

1984 Fertigstellung des fünften Buches »Berno«, einer Erzählung aus dem frühen Mittelalter.

1985 Hochzeit mit Sabine, geb. Werner aus Ulm.

1986 Ständiger Kolumnist der Monatszeitschrift »Schönes Schwaben«.

1988 Im Mai: Umzug ins eigene Heim nach Dettingen an der Erms. Ab September: Alleinautor der wöchentlichen SDR-Hörfunkserie »Drogerie Stegmeier«. Fertigstellung des sechsten Buches mit dem Titel: »Humor auf Schwäbisch«.

1989 Seit Juli: Freier Schriftsteller und Rezitator. Fertigstellung des siebten Buches mit dem Titel: »Mai lieaber Fraind! – Die heiteren Briefe des leidgeprüften Schwaben Eugen Emberle«.

Im gleichen Verlag sind erschienen:

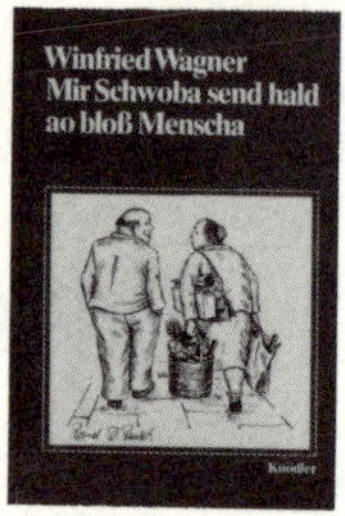